101 Dinge,
die ein Alpenüberquerer
wissen muss

Aufbruch: eine Alpenüberquerung ist immer ein unvergessliches Abenteuer.

101 Dinge
die ein
Alpenüberquerer
wissen muss

Nina Ruhland

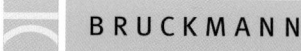
BRUCKMANN

Inhalt

Das Schöne am Weitwandern: Es bleibt immer auch genug Zeit zum Anhalten, Durchatmen und Innehalten.

Berchtesgaden ist ein möglicher Startpunkt zur Transalp.

Linker Fuß, rechter Fuß – herrlich monotoner Alltag der Alpenüberquerer

Einleitung

Einmal im Leben die Alpen überqueren. Das größte Gebirge Europas, dieses Bollwerk aus Fels und Stein. Aus eigner Kraft. Zu Fuß. Schritt für Schritt. Es ist ein Traum, den viele Menschen träumen. Und einer, der in Erfüllung gehen kann.

Wer aufbricht zu einer Alpenüberquerung, der überwindet nicht nur Sprach- und Ländergrenzen, sondern oftmals auch die eigenen. Und der Weg führt nicht nur über die Berge und durch die Täler, sondern ganz oft auch zurück zu einem selbst. Denn in der Monotonie des Wanderns passiert etwas mit uns. Wir finden endlich den Raum, um uns ehrlich zu fragen, ob wir ein erfülltes Leben führen. Was uns fehlt, was wir brauchen, was wir uns immer gewünscht haben und warum wir vielleicht irgendwann einfach aufgehört haben, davon zu träumen.

Wenn ich als Bergwanderführerin mit meinen Gästen unterwegs bin, dann spüre ich, wie die Natur die Menschen berührt. Kein Wunder, sind wir doch Teil von ihr, was nur viel zu oft im Alltag verloren geht. Nachthimmel, die nicht vom ständigen Licht der Städte verschmutzt sind, Steinbockkolonien, die mit müheloser Leichtigkeit die Felsen hinaufklettern, ein einfaches Essen auf der Hütte, das nach der Anstrengung des Tages wie ein Gourmet-Menü schmeckt, Murmeltiere, die stundenlang in der Sonne dösen, frei von Zeitmanagement, To-do-Listen und Selbstoptimierungswahn, authentische Menschen, die in und mit den Bergen leben, die schöne und dramatische Geschichten erzählen, wenn Zeit zum Zuhören bleibt. All das kann Dir auf einer Alpenüberquerung begegnen und Dir als wunderbare Erinnerung ein Leben lang erhalten bleiben.

Damit Du Dein Abenteuer Transalp bestens vorbereitet genießen kannst, habe ich dieses Buch geschrieben. Es steckt voller Anekdoten und wertvoller Tipps. Möge es die Vorfreude auf Deine persönliche Alpenüberquerung – ganz gleich auf welcher Route – steigern.

Eine gute Zeit beim Lesen, Träumen, Aufbrechen und Sammeln von Erinnerungen wünscht Dir   *Nina*

PS: Mädels, auch wenn ich nicht überall die weibliche Form verwende – auch Ihr, gerade Ihr seid natürlich gemeint!

Zur Homepage der Autorin: *https://bergbegegnungen.de*

1 Aufbruch zur Alpenüberquerung
Vom Glück des Weitwanderns

Einst querten die Menschen die Alpen nur, wenn sie es nicht verhindern konnten. Wenn Handelsgüter auf die andere Seite gebracht werden mussten, wenn das Vieh die Weiden wechseln sollte, wenn es die taktische Kriegsführung erforderte oder eine Pilgerstätte jenseits der Berge rief. Aber sich auf den beschwerlichen Weg machen, nur des Weges willen? Was unseren Vorfahren als Himmelfahrtskommando erschien, ist für immer mehr Menschen ein großer Traum: einmal aus eigener Kraft die Alpen zu überqueren.

In unseren Köpfen läuft ein Kinofilm voller Idylle ab. Wir sehen uns schon mit strammen, gebräunten Waden, glücklich lächelnd und beschwingt über einen herrlichen Panoramaweg laufen. Um uns herum Gipfel, die sich in den Himmel schrauben, einige Schäfchenwolken dekorieren das Blau. Am Wegesrand weiden friedlich Kühe mit Klimperwimpern und Kulleraugen, wir begegnen anderen Fernwanderern, tauschen uns aus und

sitzen am Abend in einer urigen Hütte bei Kerzenschein im Gespräch mit der Hüttenwirtin. Vor uns ein feines Mahl und ein kühles Bier, die Wangen glühen noch von den Erlebnissen des Tages. Ganz genau so kann sie aussehen, die Realität auf der Alpenüberquerung. Oder ganz anders …

Vom Traum zum Albtraum Denn nicht jeder, der zu einer Transalp aufbricht, gehört in diese Bergwelt. Auch das muss erwähnt werden. Selbst wenn viele der Alpenüberquerungen, allen voran der Weg von Oberstdorf nach Meran, in Hochglanzmagazinen und im Fernsehen mit Sonnenscheinbildern und dauerfröhlichen Wanderern präsentiert werden: Es ist nicht immer alles locker-leicht hier oben. Es reicht eben nicht aus, zwei Beine zu haben, man muss sie auch benutzen können. Nicht alle Wanderer kommen auf der anderen Seite der Alpen an. Tränen laufen, Träume zerbrechen. Manchmal ist das Wetter schuld, oder ein Unfall, viel häufiger aber die eigene Überforderung. Dann wird der Traum der Alpenüberquerung oft von den Rotorblättern des Rettungshubschraubers geschreddert. Einige Wanderer, denen

So fantastisch können die Ausblicke sein.

ich auf meinen zahlreichen Alpenüberquerungen als Bergwanderführerin oder privat begegnet bin, sind seit Ewigkeiten nicht mehr unterwegs gewesen. Andere verlieren die Sohlen ihrer zehn Jahre alten Stiefel. Die nächsten sind noch nie länger als zwei Stunden am Stück gewandert. Andere waren gar noch nie in den Bergen und sitzen beim ersten steilen Anstieg weinend am Wegesrand. Doch es scheint gerade einfach »in« zu sein, die Alpen zu überqueren. Die Zahl der Wanderer, die das Gebirge überschreiten, steigt kontinuierlich. Eine Alpenüberquerung – die Everest-Besteigung des kleinen Mannes? Bei manchen kommt die Erkenntnis zu spät, dass es sich in den meisten Fällen um hochalpine Wege handelt. Mit Herausforderungen und Gefahren. Wege, auf denen der Donner so laut zwischen den Felsen grollen kann, dass man sein eigenes Wort nicht versteht. Auf denen man auch im Sommer knietief und ohne Sicht im Schnee stecken kann. Wege, denen man – wie immer in den Bergen – besser mit Respekt und Demut, statt mit Arroganz und Selbstüberschätzung begegnen sollte.

Berge und Grenzen überwinden Wer aber gut vorbereitet ist, sich selbst und seine Ausrüstung fit gemacht hat, wer als Gast auf Zeit in dieser archaischen Bergwelt das Weniger als Mehr begreift, den erwarten prägende Tage oder Wochen auf einer Transalp. Denn tatsächlich ist es ein Unterschied, nur von A nach B zu wandern, oder eben die Alpen zu überwinden. Vielleicht, weil wir in der Tradition von Hannibal und Goethe wandern. Vielleicht, weil wir aus unserem vermeintlich so gefahrenfreien und organisierten Alltag für längere Zeit ausbrechen können in eine Welt, die trotz aller Planungen viele Unbekannte bereithält. Ganz sicher liegt es auch daran, dass wir nicht nur das mächtigste Gebirge Europas, sondern auch eigene innere Berge überwinden. Denn auf einer Alpenüberquerung geht es oft um die großen Begriffe – Freiheit, den Sinn des Lebens. Die Wandertage sind verbunden mit einem neuen Lebensgefühl. Weil wir plötzlich Zeit haben, weil die täglichen Handgriffe so herrlich monoton sind. Weil wir uns nicht schminken, keine Rollen spielen müssen. Weil wir uns ungeniert klein fühlen dürfen und uns dieses Projekt gleichzeitig ständig zum Wachsen anregt, zum Versetzen der eigenen Grenzen. Wer so lange unterwegs ist und noch dazu in der majestätischen Welt der Berge, begreift nicht nur mit dem Kopf, sondern fühlt mit jeder Zelle, dass hier einzig und allein die Natur den Takt vorgibt und wir ein Teil davon sind. Irgendwie kehren wir dahin zurück, woher wir kommen – und das fühlt sich bald sehr natürlich und gut an.

Alpen

2

Majestätische Höhen und vielfältige Heimat

1200 Kilometer lang. 125 bis 250 Kilometer breit. 4810 Meter hoch, 82 Viertausender. Acht Länder. Heimat von 30 000 Tier- und etwa 2500 Pflanzenarten sowie 14 Millionen Menschen. Erholungsort für 120 Millionen Gäste jährlich. Das sind die blanken Fakten und Zahlen, die das höchste Gebirge Europas beschreiben. Diesen mächtigen Bogen, der sich wie eine Barriere über den Kontinent spannt. Die Alpen prägten die Menschen, wie kein anderes Gebirge. Sie waren gefürchtet und gemieden, Ort von Mythen und Sagen. Scheinbar unüberwindbares Bollwerk, Schauplatz fürchterlicher Kämpfe und Sehnsuchtsort für Alpinisten. Doch was sind eigentlich »die Alpen«?

Schroffe Felsen ohne Grenzen Der Begriff »Alpen« leitet sich wohl vom Lateinischen *alpes* ab, dem wohl das keltische Wort *alp* zugrunde liegt, was so viel bedeutet wie schroffer Fels. Eine alemannische Wurzel dagegen würde *alp* mit hoher Berg übersetzen. So oder so – Beides trifft wohl zu auf die hohen, schroffen Fels- und Eisberge.

Das Gebiet der Alpen reicht von der Côte d'Azur bis zum Wiener Becken. Zu den Alpenstaaten gehören Frankreich, Monaco, Italien, Schweiz, Liechtenstein, Deutschland, Österreich und Slowenien. Im Sprachgebrauch werden die Alpen meist nur noch in Ost- und Westalpen geteilt, wobei die Gebirgsstöcke im westlichen Teil deutlich höher sind. Dort liegt auch der mit 4810 Metern höchste Alpengipfel, der Mont Blanc. Im Osten schaffen es dagegen selbst die höchsten Gipfel, der Ortler (3905 m) und der Großglockner (3798 m) nicht zur 4000er-Marke. Die imaginäre Grenze

zwischen Ost- und Westalpen verläuft dabei vom Bodensee über den Splü-
genpass bis zum Comer See. In Italien und Frankreich dagegen spricht man
auch noch von einer Dreiteilung in West-, Zentral- und Ostalpen. Den
größten Anteil an dem Gebirge hat Österreich mit 28,7 Prozent. Monaco
bringt es dagegen lediglich auf überschaubare zwei Quadratkilometer.
Während es auf der einen Seite dicht besiedelte Städte wie Innsbruck, Gre-
noble oder Trient gibt, finden sich auch einsame Regionen. Viele von ihnen
veröden und vereinsamen, seit immer mehr Menschen in die Ebene und die
Metropolen abwandern. Traditionelle Beschäftigungsfelder wie Berg-
Landwirtschaft, Handwerk und Forstwirtschaft gehen verloren. Die Natur
verwildert, die Artenvielfalt der einstigen Kulturlandschaft nimmt ab.

Auf Kollisionskurs   Vor 200 Millionen Jahren hättest Du für die Alpenüberquerung eine etwas andere Ausrüstung als heute gebraucht. Statt eines
Rucksacks, hättest Du eine Sauerstoffflasche auf dem Rücken getragen. Die
Beine steckten nicht in Softshell-Hosen, sondern im Neoprenanzug. Und
statt einer getönten Sonnenbrille hättest Du eine Taucherbrille auf der Nase getragen. Denn die Alpen lagen unter Wasser. Zwischen den Kontinen-
ten Eurasien und Afrika lag Tethys, ein riesiger Ozean. Nach und nach la-

gern sich kilometerdicke Kalksedimente ab, Riffkalke wachsen. Im Tertiär angekommen schiebt sich die Afrikanische Platte über die Europäische. Es knirscht und malmt, Meer verlandet und hinterlässt abgestorbene Riffe und Schlick. Dann, vor etwa 50 Millionen Jahren, spitzen die ersten Gipfel aus dem Meer. Die Zugspitze macht sich auf den Weg zu ihrem heutigen Platz. 32 bis 20 Millionen Jahre vor unserer Zeit erreicht die Auffaltung der Alpen ihren Höhepunkt. Dieses Wachstum hält bis heute an, beträgt allerdings nur etwa einen Millimeter pro Jahr. Der Westteil sieht damals bereits wie ein Gebirge aus. Auch die Kalkschichten der späteren Dolomiten drücken kontinuierlich gen Norden und schieben sich über die kristallinen Gesteine der Tauern. Dieses »Übereinanderschieben« lässt sich übrigens besonders eindrucksvoll in der Tektonikarena Sardona über Flims im Schweizer Kanton Graubünden nachvollziehen. Dort schiebt sich – auch für das Auge absoluter Geologie-Laien deutlich erkennbar – neues über altes Gestein. Die beiden Schichten trennen schlappe 220 Millionen Jahre. Seit dem Jahr 2008 darf diese Überschiebung den Titel UNESCO-Weltnaturerbe tragen.

Die Alpen: ein steinernes Bollwerk im Herzen Europas

3 Geschichte der Transalp
Rauf, rüber, runter

Fast jede Route, die heute über dieses mächtige Gebirge führt, hat historische Wurzeln. Es lohnt sich, immer mal wieder daran zu denken, dass bereits vor Jahrtausenden Menschen auf den Pfaden »rübermachten«, auf denen Du unterwegs sein wirst. Ein jeder von ihnen hatte andere Gründe, die zum Aufbruch führten.

Der Verkehr über die Alpen begann wohl bereits in der Jungsteinzeit, also etwa 5000 vor Christus, mit dem Austausch von Waren. In Kraxen auf dem Rücken getragen, später von Saumtieren befördert, wechselten Güter wie Kupfer und Gewürze von Süd nach Nord und umgekehrt. Wichtige Verbindungen in dieser vorrömischen Zeit waren damals zum Beispiel der Splügen- oder der Reschenpass. Etwa ab dem 12. Jahrhundert gewannen die Salzstraßen als Handelsrouten an Bedeutung. Es wurden Klöster und Hospize entlang der Wege gebaut, wichtige Unterkünfte auf der Transalp.

Eine andere Motivation, das Bollwerk aus Felsen und Eis zu überwinden, waren militärische Gründe. Ständig ging es um die Vormachtstellung in Europa. Der Erste, der sich daran wagte, das Gebirge zu überqueren, war der Karthager Hannibal. Nachdem sein tollkühnes Projekt erfolgreich war, nutzten viele Herrscher von Karl dem Großen bis zu Napoleon die Transalp zur schnellen Verlegung ihrer Truppen. Im Ersten Weltkrieg dann gewannen die Alpen traurige Berühmtheit. Beim Gebirgskrieg zwischen Österreich-Ungarn und Italien, von 1915 bis 1918, dessen Front vom Stilfser Joch über den Ortler bis zum nördlichen Gardasee über 600 Kilometer führte. Ein sinnloser und zermürbender Stellungskrieg bei eisigen Temperaturen von −22 Grad, der schätzungsweise eine Millionen Menschen das Leben kostete. Auch heute noch finden sich vielerorts Relikte des Gebirgskriegs. Am Kleinen Pal zwischen dem Friaul und Kärnten etwa triffst Du auf Munitionsreste ebenso wie auf Stellungen, die stumme Zeugen dieses menschenverachtenden Krieges sind.

Einen weitaus friedlicheren Grund, über die Alpen aufzubrechen, hatten seit Begründung des Christentums die Wallfahrer. Einer der Ersten war wohl ein Pilger, der auf dem Weg ins Heilige Land von seiner Heimat, dem

Ich war hier! Steinmännchen am San-Bernadino-Pass in der Schweiz

heutigen Bordeaux, über Turin und Rom gen Süden zog. Seine Beschreibung stammt aus den Jahren 333–334. Nicht zuletzt dank prominenter Begeher wie Hape Kerkeling und dessen Buch *Ich bin dann mal weg*, erfreuen sich Pilgerrouten wie der Jakobsweg nach Santiago de Compostela, wachsender Beliebtheit.

Im 18. Jahrhundert erst schenkten Denker wie Horace-Bénédict de Saussure uns im Rahmen ihrer aufklärerisch-wissenschaftlichen Erkundungen einen neuen Blick auf die Bergwelt. Plötzlich stand auch die Schönheit dieser Landschaft im Mittelpunkt, und vor allem wohlhabende Bürger machten sich bald daran – zumeist in Begleitung einheimischer Hirten – die Alpengipfel zu besteigen. Die Geburtsstunde des Alpinismus!

4 Alpenüberquerungsarten
Kreuz und quer und längs und hoch hinauf

Grob gesagt gibt es die Nord-Süd- und die Ost-West-Querung über und durch das größte Gebirge Europas. Wobei Erstere häufiger begangen werden, da es natürlich deutlich länger dauert, die Alpen ihrer Breite von 1200 Kilometern nach zu überwinden. Doch wenn Du viel oder gar richtig viel Zeit hast, oder Dir das Projekt über mehrere Jahre aufteilen willst, dann sind diese langen Wege genau richtig für Dich. Dazu zählen zum Beispiel die Route von Wien zum Lago Maggiore (Ostalpen), die Grande Traversata delle Alpi in den Westalpen oder die längste Querung, die Via Alpina, die es mit ihren fünf Wegen auf über 5000 Kilometer bringt.

Da geht's lang! Schilder weisen den Weg nach Kandersteg.

Während Überschreitungen wie Salzburg–Triest oder München–Venedig tatsächlich den kompletten Alpenkamm überwinden, gibt es auch die kürzeren Querungen, die noch inneralpin enden. Dazu zählen der beliebte Klassiker auf dem E5, von Oberstdorf nach Meran bzw. Bozen, oder die erst seit 2014 beschilderte Tour vom Tegernsee nach Sterzing. Letztere ist eher einfach und viele Teilstrecken sind mit Bus, Zug, Schiff oder Seilbahn zurückzulegen. Je nach gewünschter Länge (von wenigen Tagen bis zu einem knappen Jahr) und Schwierigkeitsgrad (von einfach bis anspruchsvoll) gibt es also eigentlich für jeden Geschmack die passende Alpenquerung. Du solltest Dich vor der Auswahl Deiner Transalp intensiv mit den Optionen auseinandersetzen. Zu jedem Weg gibt's reichlich Literatur und oft auch viele Foren, in denen Anwärter und alte Hasen sich austauschen und wertvolle Tipps sammeln können. Wenn Du dann noch Dein eigenes Können und die Rahmenbedingungen (Anzahl der Urlaubstage etc.) gut einschätzt, steht einem großartigen Abenteuer nichts mehr im Weg.

5 Alpenüberquerung 1: Oberstdorf–Meran

Die Beliebteste

Wer von einer Alpenüberquerung auf dem E5 spricht, meint oft nur ein kleines Teilstück, nämlich das von Oberstdorf im Allgäu bis nach Meran bzw. Bozen. Tatsächlich startet die Querung aber bereits in Konstanz am Bodensee und führt bis nach Verona. Mit 30 Etappen zählt sie zu einer der längeren Varianten. Der Original E5 wurde von Hans Schmidt erfunden. Der lief 1969 von seiner Heimatstadt Sonthofen im Allgäu bis Bozen, was das Interesse des Deutschen Gebirgs- und Wandervereins weckte. Warum nicht eine Route entwickeln, die über den Hauptkamm zur Adria führt, schlug man Schmidt vor. Drei Jahre später wurde ebendiese Route, der E5, eröffnet. Ein Traumpfad, der aber vier Wochen Zeit in Anspruch nimmt. Die »Abkürzung« von Oberstdorf nach Südtirol, die nur sechs Wandertage dauert, folgt hingegen lediglich bis zur Braunschweiger Hütte der ursprünglichen Route. Dann zweigt sie gen Vent und ins Schnalstal ab. Entwickelt hat sie Udo Zehentleitner, Bergführer und Original aus Burgberg im Allgäu. Er war der Erste, der die Meran-Variante 1978 mit Gästen führte. Damals noch deutlich anspruchsvoller, inklusive Besteigung von Wildspitze und Similiaun.

Dass man heute in nur einer Woche drei Länder durchwandert, ist wohl einer der Gründe, warum die Tour auf dem E5 seit Jahren immer mehr Zuspruch bekommt. Zudem ist die Route sehr abwechslungsreich, führt von den grünen Alpen des Allgäus vorbei an der Gletscherwelt der Ötztaler Alpen hinüber ins mediterrane Meran (wobei für viele der Weg bereits in Vernagt im Schnalstal endet und sie von dort per Bus die knapp 30 Kilometer in die Stadt zurücklegen). Dass der Weg auf diesem Abschnitt bestens ausgezeichnet und die Infrastruktur mit Übernachtungsmöglichkeiten und Transportmitteln perfektioniert ist, kommt besonders Weitwander-Anfängern entgegen. Für sie ist es wohl auch eher von Vorteil, dass man auf dem E5 zur Hauptsaison selten allein ist. Etwa 20 000 Wanderer machen sich pro Jahr auf den Weg, einige bauen aber Alternativen oder Zusatzetappen, etwa über den Kaunergrat ins Pitztal, ein. Die Beschilderung lässt ab Bozen

Im sanften Auf und Ab geht's auf dem Panoramaweg nach Vent.

übrigens deutlich nach, ist aber noch immer ausreichend, um sicher den Weg zu finden. Ab Lévico lassen sich zudem einige Etappen zusammenlegen, sodass Du es auch gut in 28 statt 30 Tagen bis Verona schaffen kannst. Wie immer gilt aber auch hier: Plane ausreichend Tage für Pausen ein.

So unterschiedlich die Landschaften, durch die der E5 vom Bodensee bis nach Verona führt, so verschieden sind die Anforderungen. Die täglichen Etappen variieren stark. Von zwei Stunden Gehzeit bis über neun Stunden, von wenigen Metern im Aufstieg bis zu knapp 1400 Höhenmetern ist alles dabei. Während die ersten drei und die letzten drei Etappen sehr einfach sind, gilt es im Mittelteil im alpinen Gelände durchaus die eine oder andere knifflige Stelle zu überwinden. Zwar sind diese durchwegs gut abgesichert, aber je mehr Erfahrung Du im alpinen Gelände hast, umso größer wird hier der Spaßfaktor sein. Für alle, die über wenig oder sogar gar keine (gibt's auch immer wieder) Wandererfahrung verfügen, bieten zahlreiche Bergschulen den E5 in allen möglichen Varianten an: verschiedene Teilstrecken, mit Gepäcktransport, für Singles, für Frauen, für Familien, für Hundebesitzer …

6 Alpenüberquerung 2: München–Venedig

Die Seniorin

Viele Jahre galt sie als *die* Alpenüberquerung schlechthin: Der Traumpfad von München nach Venedig. Vom Marienplatz zum Markusplatz. Erfinder dieser Route war Ludwig Graßler. Er hatte sich in den Kopf gesetzt, einen attraktiven Weg über die Alpen zu finden, der die bayerische Metropole mit der Lagunenstadt verbindet. Nach vielen Anläufen bewältigte er schließlich im Sommer 1974 die gesamte Strecke und schrieb darüber sein Buch *Zu Fuß über die Alpen: Der Traumpfad von München nach Venedig*.

Knackige Anforderungen Vier Wochen, 555 Gehkilometer und gut 22 000 Höhenmeter – alleine im Aufstieg. Es ist eine der anspruchsvollsten Routen über die Alpen. Und so mahnt auch Graßler in dem kurzweiligen Dokumentarfilm *Der Weg war sein Ziel* von Christopher Dillig: »Wenn man nicht die richtigen Voraussetzungen und Kondition mitbringt und nicht die

richtige Ausrüstung hat, dann kann der Traumpfad sehr schnell zu einem Trauma werden.« Die täglichen Gehzeiten liegen fast durchweg bei über sechs Stunden. Tage mit kürzeren Strecken sind die Ausnahme, dafür gibt's einige Acht- oder gar Neun-Stunden-Etappen. Bis zu 1550 Höhenmeter im Aufstieg oder 1675 Höhenmeter im Abstieg sind täglich zu bewältigen.

Von der Stadt ans Meer Das Besondere an diesem Pfad ist sicher auch seine Dramaturgie. Der Start in einer Metropole, dann die langsame Annäherung an das Gebirge, der erste sanfte Kontakt mit den Bayerischen Voralpen, gefolgt von den Tagen im Hochgebirge in den Zillertaler Alpen und später zwischen den beeindruckenden Felsen der Dolomiten. Dann tauchen die »Venediggeher«, wie sie genannt werden, in Belluno wieder mehr oder weniger unsanft in die Zivilisation ein. Von dort noch mal über einen kleinen Gebirgskamm, bevor die Füße plötzlich von Sand und Wellen umspült werden und der Rucksack schließlich auf dem Markusplatz final zu Boden sinkt. Trotz ihrer Prominenz ist die Route von München nach Venedig nicht überlaufen. Schätzungen zufolge brechen etwa 1000 Personen jährlich auf. Aber weniger als 100 legen die gesamte Strecke am Stück zurück.

Verlockendes Ziel: Venedig und seine Gondolieren

7 Alpenüberquerung 3: Grande Traversata delle Alpi

Die Kulturelle

Es ist vielleicht die speziellste Alpenüberquerung, die Du in Angriff nehmen kannst, die Grande Traversata delle Alpi (GTA). Die Idee für diesen Fernwanderweg entstand Anfang der 1970er-Jahre in Frankreich und begeisterte bald auch eine Gruppe italienischer Bergsteiger. Die GTA ist dabei keine Route von Tourismusort zu Tourismusort. Im Gegenteil. Sie taucht ein in die vergessenen Alpen des Piemont. In 65 Tagen und über 1000 Kilometern führt sie von Molini di Calasca aus den Walliser Alpen über die Cottischen Alpen zu den Seealpen und endet schließlich in Viozene in den Ligurischen Alpen. Die GTA ist ein Weg, der durch eine früher dicht besiedelte und genutzte Kulturlandschaft führt. Ein Weg, auf dem die Wanderer der Vergangenheit begegnen und mit ihrem Kommen ein wenig Zukunft schenken. Die Traversata delle Alpi führt durch Täler und Orte, die von 1870 bis 2000 einen Bevölkerungsrückgang von bis zu 95 Prozent erlebt haben. Wo früher Hunderte Menschen lebten, sitzt heute zwischen den langsam verfallenen Höfen noch eine alte Frau auf der Bank vor ihrem vom Wetter und der Zeit schief gelegten Haus. Es ist eine Ursprünglichkeit, die berührt. Die Initiatoren haben genau dieses Potenzial des Weges erkannt. Die Chancen, die er der Region und der Bevölkerung bietet. Doch nach einem anfänglichen GTA-Boom Ende der 1970er-Jahre schliefen die Bemühungen fast ein. Bis ein heute emeritierter Professor für Kulturgeografie, Werner Bätzing, sich des Projektes annahm. Er propagierte die GTA als Paradebeispiel für ökologisch verträglichen Tourismus und brachte einen Wanderführer heraus. Mittlerweile hat diese Querung der westlichen Alpen wieder mehr Begeher, vor allem Wanderer aus dem deutschsprachigen Raum.

Die Suche nach der Markierung Technisch stellt die GTA Dich vor keinerlei große Herausforderungen. Anders sieht es mit der Anforderung an Kondition und Orientierungssinn aus. Da es von Quertal zu Quertal geht, musst Du immer wieder auf- und absteigen. Dabei kommen üblicherweise zwischen 600 und 1200 Höhenmeter pro Etappe zusammen. Zudem ist

Richtige Richtung: GTA-Markierung am Wegesrand

die Markierung oft schlecht. Der schwarze Schriftzug GTA (manchmal auch »S. I.« für Sentiero Italia) und die rot-weiße Markierung sind dann in sehr weiten Abständen oder kaum erkennbar angebracht. Auch wenn der Weg theoretisch in beide Richtungen begangen werden kann, würde ich Dir die Nord-Süd-Marschrichtung empfehlen. Dieser folgen auch die meisten Führer und zudem ist es doch eine verlockende Aussicht, am Ende die Füße ins Meer zu halten (auch wenn Du dafür noch fünf weitere Tage bis Ventimiglia einplanen musst). Die Etappen sind so gelegt, dass Du abends in den sogenannten *Posti Tappa* übernachten kannst. Dabei handelt es sich meist um sehr einfache Unterkünfte, oft mit Matratzenlagern, manchmal in Privathäusern. Es entstehen schnell Gespräche und Verbindungen hier, selbst wenn man nicht dieselbe Sprache spricht. Und wer auf die Frage »Tutto a piedi?« mit Stolz antworten kann »Na klar, alles zu Fuß!«, erntet bewundernde Blicke und bekommt meist noch eine Zusatzportion unverschämt guter Pasta.

8 Alpenüberquerung 4: Salzburg–Triest

Die Ruhige

Auch diese Alpenüberquerung gehört mit ihren 28 Etappen eher zu den längeren. Wer die knapp 500 Kilometer von Salzburg bis Triest gemeistert hat, dem stecken knapp 26000 Höhenmeter in den Beinen – jeweils im Auf- und Abstieg wohlgemerkt. Damit ist die Route nichts für Einsteiger ohne alpine Erfahrung. An Tagen mit 8 ½ Stunden reiner Gehzeit und knapp 30 Kilometern muss man schon beißen können. Dafür darf man auf einer noch recht neu von Christof Hermann zusammengestellten Route unterwegs sein, die – vor allem außerhalb der drei Nationalparks Berchtesgaden, Hohe Tauern und Triglav – noch viel Bergeinsamkeit verspricht. Gerade in der Kreuzeckgruppe, einer selten besuchten Gebirgsgruppe in Kärnten, sowie in den Julischen Alpen.

Qual der Wahl Wer die wenigen sehr anspruchsvollen Etappen scheut, für den gibt es immer eine zahmere Alternative. Wer ausschließlich Bergluft schnuppern möchte, der ist bereits nach 23 Tagen am Ziel in Tolmin. Aber wenn Du vor dem Abstieg in die Stadt hoch oben am Globoko-Pass das Mittelmeer am Horizont glitzern siehst, wirst Du Dir ziemlich sicher auch die letzten fünf Etappen, die durch Weinbaugebiete und durch Karstlandschaften führen, nicht entgehen lassen wollen. Okay, das Glas Wein auf der Piazza dell'Unita d'Italia in Triest ist auch ein gutes Argument zum Durchlaufen. Diese Alpenüberquerung ist zudem eine dankbare Wahl für alle Transalp-Aspiranten, die sich die Strecke über mehrere Jahre aufteilen möchten. So gibt es viele Start- und Zielpunkte, die gut an den öffentlichen Fernverkehr angeschlossen sind und eine unkomplizierte An- und Abreise erlauben. Du hast die Wahl zwischen Varianten von drei Tagen bis fünf Wochen. Für die Reise kommt grundsätzlich die Zeit von Anfang

Juli bis Ende September infrage, wobei gerade in den ersten Sommerwochen noch mit Restschnee zu rechnen ist. Das betrifft natürlich vor allem die höher gelegenen Etappen in den Hohen Tauern und den Julischen Alpen. Erkundige Dich also unbedingt vor Deiner Abreise, ob die Wege begehbar und die Hütten geöffnet sind. Stell Dich auch bei Deiner Ausrüstung auf zum Teil winterliche Verhältnisse ein. Gegen die Monate Juli und August sprechen die Sommerferien (nicht nur) der Italiener und die Hitze in den Tälern. Wer das nicht mag, sollte dann lieber am Ende der Saison losziehen.

Alpenüberquerung 5: Tegernsee–Sterzing

9

Die Gemütliche

Der eine oder andere Kritiker sagt, dies sei ja gar keine richtige Alpenüberquerung. Tatsächlich ist die Route vom Tegernsee nach Sterzing, die von Touristikern entwickelt wurde, die wohl einfachste Variante, um über die Alpen, bzw. einen kleinen Teil von ihnen, zu laufen. Die Anforderungen sind durchweg niedrig, maximal erwartet Dich ein mittlerer Schwierigkeitsgrad. Täglich sind maximal 900 Höhenmeter im Aufstieg zu meistern, an den meisten Tagen eher 200 bis 500 Höhenmeter. Auch die Gehzeiten liegen meist immer unter vier Stunden, nur an zwei Tagen werden es knapp sechs Stunden sein.

Auf der siebentägigen Tour vom bayerischen Alpenrand zum Achensee und weiter über das Zillertal bis nach Sterzing stehen Komfort und Genuss klar im Vordergrund. Übernachtet wird im Tal in Gasthöfen, Pensionen oder Hotels. Auch werden einige Abschnitte mit Bus, Zug, Schiff oder Seilbahn zurückgelegt. Mit dem klassischen Gedanken einer Alpenüberquerung, zu Fuß und aus eigener Kraft von A nach B zu gelangen, hat die Tegernsee-Sterzing-Variante nicht mehr viel gemeinsam. Doch genau das macht diese Tour zu einer Option für Alpenüberquerungs-Einsteiger und unerfahrene Wanderer. Es gibt auch Anbieter, die diese Transalp organisiert mit oder ohne Führung und sogar mit Gepäcktransport anbieten.

10 Alpenüberquerung 6:
Alpe-Adria-Trail

Die Genussvolle

Auf 43 Etappen verbindet der Alpe-Adria-Trail Kärnten, Slowenien und Julisch-Venetien. Wer den Weitwanderweg vom Start am Fuße des höchsten Berges Österreichs, dem Großglockner, bis zum Ende in Muggia an der Adria läuft, hat etwa 750 Kilometer hinter sich liegen. Der Weg verläuft zum größten Teil im nicht alpinen Bereich, die Höhenunterschiede der einzelnen Etappen halten sich daher in Grenzen. Dennoch sind täglich bis zu

20 Kilometer und etwa sechs Stunden reine Gehzeit zu meistern. Der Trail wurde von Tourismus-Institutionen der drei Regionen konzipiert. Das merkt man vor allem daran, dass besonders Wert auf den Genuss gelegt wurde. Sowohl beim Wandern als auch im Marketing. So gibt es ein eigenes Alpe-Adria-Buchungscenter, bei dem Interessierte Touren mit »Gepäcktransfer, Mobilitätsservice und Nächtigung bei qualitätsgeprüften Partnerbetrieben« buchen können. Sorglos Wandern de luxe. Nicht jedermanns Sache, aber durchaus interessant für ein Publikum, das sich um Logistik keine Sorgen machen möchte und nicht zwangsläufig Nächte in engen Matratzenlagern zum Erlebnis Alpenüberquerung dazuzählt. Übernachtet wird stattdessen – je nach Wunsch – in Pensionen, auf Bauernhöfen oder in Hotels. Der pompöse Slogan des Alpe-Adria-Trails, »Wandern im Garten Eden«, steht bildlich für die große Vielfalt auf der Südseite der Alpen. Und vielleicht auch ein wenig dafür, dass man sich auf diesem einfachen Trail ohne technische Herausforderungen bewegen kann.

Plätschernder Begleiter: der Isonzo auf der 33. Etappe des Alpe-Adria-Trails

11 Alpenüberquerung 7: Via Alpina

Die Königin

Zweifelsfrei gehört sie aufgrund ihrer Länge und Komplexität zu den Berühmtheiten unter den Alpenüberquerungen, die Via Alpina. Wobei, »die« Via Alpina gibt es streng genommen nicht. Denn sie setzt sich zusammen aus fünf verschiedenen Routen, die es insgesamt auf über 5000 Kilometer Wanderwege längs durch die Alpen bringen. Seit dem Jahr 2000 verbinden die Pfade nicht nur Berge, sondern auch Menschen, Kulturen, Sprachen. Keine der Via-Alpina-Routen ist technisch anspruchsvoll. Es werden weder Gletscher gequert, noch müssen Kletterpassagen überwunden werden. Das macht sie auch für weniger erfahrene Wanderer interessant. Trittsicherheit und Schwindelfreiheit sind natürlich dennoch Voraussetzung, ebenso wie Kenntnisse über das richtige Verhalten im Gebirge.

Die längste Route ist die rote Via Alpina. In 161 Etappen führt sie durch alle acht Alpenstaaten. Sie überquert mehrmals den Alpenhauptkamm und 44-mal nationale Grenzen, um Triest mit Monaco zu verbinden. Viele der höchsten und bekanntesten Berge liegen entlang dieser Route: Triglav, Drei Zinnen, Zugspitze, Bernina, Mont Blanc. Aber der Weg führt auch fern der Bergprominenz durch unbekannte Regionen der Karnischen Alpen und des Tessins.

Der violette Weg umfasst 66 Etappen und reicht von den Östlichen Julischen Alpen über die Karawanken zum Dachstein und durch die Berchtesgadener, Chiemgauer und Ammergauer Alpen bis ins Allgäu. Somit besucht der Wanderer drei Länder: Slowenien, Österreich und Deutschland.

Der blaue Weg der Via Alpina startet in der Schweiz und orientiert sich auf seinen 61 Etappen, die weiter durch Italien und Frankreich führen, hauptsächlich an der Route der GTA. Von den Gletschern des Monte-Rosa-Massivs geht es zu den urtümlichen Dörfern der Seealpen. Wer am Ende im französischen Nationalpark Mercantour noch nicht genug hat, kann einfach auf der roten Route weiterlaufen.

Die gelbe Route startet in den Westlichen Julischen Alpen und führt über die Karnischen Alpen zu den Dolomiten und weiter in die Ötztaler

Reichlich Höhenmeter überwinden Wanderer auf der Via Alpina.

und Lechtaler Alpen, bevor sie in Oberstdorf im Allgäu auf den gelben, roten und violetten Weg trifft. In 40 Tagen gelangen Wanderer so von Italien durch Österreich nach Deutschland.

Zum Reinschnuppern eignet sich die kürzeste Route, der grüne Weg, am besten. In nur 14 Etappen kannst Du auf dieser Teilstrecke, die auch als Abkürzung auf der Gesamtquerung dient, vom Fürstentum Liechtenstein über das Rheintal in die Schweiz gelangen. Vorbei an Eiger, Mönch und Jungfrau geht's schließlich bis nach Lenk.

12 Alpenüberquerung 8: L1 Garmisch-Partenkirchen– Brescia

Die Unbekannte

Sie ist sozusagen das Gegenstück zu Tegernsee-Sterzing. Denn Hans Losse, der die Wegführung im Jahr 1989 erfand, wollte die Alpen unbedingt ohne Busse oder Liftbenutzung, möglichst fern von Straßen, überwinden. So ist der Weg von Garmisch-Partenkirchen nach Brescia tatsächlich ein reiner Fußweg. Auf etwa 400 Kilometern führt er in 26 bis 30 Tagen über 60 000 Höhenmeter in Auf- und Abstieg in die Lombardei, auch ein Gletscher muss gequert werden (Steigeisen sind nicht nötig, Grödel sollten aber dabei sein). Die Anforderungen auf dem L1, der in Deutschland fast gänzlich unbekannt ist, sind knackig. Zum einen, was die Kondition betrifft: An Tag fünf müssen 23 Kilometer, 2550 Höhenmeter im Aufstieg und 1400 Höhenmeter im Abstieg gemeistert werden. Zum anderen gibt es einige steile, ausgesetzte und seilversicherte Abschnitte. Auch im Punkt Orientierung ist der Weg eine Herausforderung: Die Route ist nicht einheitlich markiert, manchmal fehlen die Markierungen sogar ganz, und so musst Du Dich intensiv mit der Routenführung auseinandersetzen, bevor Du aufbrichst. Du solltest Dich unbedingt mit Orientierung im Gelände auskennen, ein GPS-Gerät ist auf den abwegigen Pfaden extrem hilfreich. Wenn Du echte Bergeinsamkeit suchst, ist der L1 eine interessante Möglichkeit. Insbesondere im südlichen italienischen Teil sind nur wenige Wanderer unterwegs.

Am Ziel: die Burg von Brescia

Alpenüberquerung 9: Berchtesgaden–Lienz

Die Unaufgeregte

Es müssen nicht immer die spektakulären, wochenlangen Routen sein. Manchmal bleibt nur Zeit – und oder Muße – für eine kurze Alpenüberquerung. Neben den bereits vorgestellten Varianten von Oberstdorf nach Meran bzw. Bozen und vom Tegernsee nach Sterzing brachte das Autorin-Fotograf-Paar, Andrea und Andreas Strauß, vor einigen Jahren eine eigene Ostalpenquerung ins Rennen. Diese führt von St. Bartholomä am Königssee durch die Berchtesgadener Alpen, hinüber zu den Hohen Tauern und der Glocknergruppe bis nach Lienz in Osttirol.

Eine feine Route, die in neun Tagen entspannt zu bewältigen ist. Wer weniger Zeit hat und fit ist, könnte noch die eine oder andere Etappe zusammenlegen. Empfehlenswerter ist es jedoch, mit etwas mehr freien Tagen anzureisen, um auch noch den einen oder anderen Gipfel mitzunehmen. Bei der Neun-Tages-Variante liegen die täglichen Gehzeiten zwischen 2 ½ Stunden und 7 ½ Stunden, maximal sind 1550 Höhenmeter im Aufstieg zu leisten, die Tagesabstiege liegen maximal bei 1720 Höhenmetern. Nur der letzte Tag, der hat es noch mal richtig in sich. Auf 23 Kilometern Wegstrecke müssen von der Wangenitzseehütte nach Lienz knackige 2030 Höhenmeter bergab überwunden werden.

14 Alpenüberquerung 10: München–Gardasee

Die Ambitionierte

Im Sommer kann man am Gardasee das Gefühl bekommen, halb München und Oberbayern hätte sich dort zur Sommerfrische eingefunden. Tatsächlich ist der italienische See eines der beliebtesten Ziele der Bayern. So nah, so mediterran und doch die geliebten Berge ganz nah. Was liegt da näher, als zu Fuß von München dorthin aufzubrechen? Von der Länge her ist diese Route vergleichbar mit München – Venedig (31 Etappen, etwa

550 Kilometer). Doch die Etappen sind zum Teil länger und die Route enthält einen Klettersteig, der aber umgangen werden kann.

Von den Kalkbergen des Karwendels geht es über die Grasberge der Tuxer Voralpen zu den Gletschern der Zillertaler Alpen. Weiter führt die Route durch die Sarntaler Alpen bis in die Brenta mit ihren schroffen Dolomitengipfeln. Von Arco, am Nordufer des Sees, geht es zum Zielpunkt Peschiera del Garda am Südende. Praktisch an dieser Route: Die Startpunkte der Etappen 8 (Gasthof Karwendelrast), 15 (Sterzing), 21 (Andrian in Südtirol) und 28 (Arco) sind gut mit öffentlichen Verkehrsmitteln zu erreichen. Somit kann die Gesamtstrecke bestens in mehrere Abschnitte aufgeteilt werden.

Warum nicht mal hinwandern, statt hinzufahren? Der Gardasee

15 Alleine oder gemeinsam wandern?
Von einsamen Wölfen und Rudeltouren

Als ich meine erste Transalp vom Bodensee nach Verona plante, wohnte ich noch in Hamburg. Ich war die einzige in meinem Freundeskreis, die es ständig in die Berge zog. Alle anderen verbrachten ihre Urlaube beim Wellness auf Mallorca, beim Segeln am Gardasee oder beim Sightseeing in New York. Es war niemand dabei, mit dem ich mir vorstellen konnte, das Abenteuer Alpenüberquerung gemeinsam anzugehen. Und so plante ich still vor mich hin. Bis ich eines Abends beim Essen einer Bekannten von meinen Plänen erzählte. »Was? Noch so eine Verrückte? Das plant eine andere Freundin von mir ebenfalls. Ich muss Euch unbedingt miteinander bekannt machen.« So fanden Katharina und ich damals zusammen, beschlossen, gemeinsam die Wochen auf dem E5 zu meistern – vom Bodensee bis nach Verona zu laufen. Wir kannten uns kaum, wussten wenig über die Bergerfahrung des anderen, über dessen Vorlieben, Gehtempo, Ausrüstung. Aber es fühlte sich stimmig an. Ein halbes Jahr später zogen wir los. Und es war genau die richtige Entscheidung! All die Erlebnisse mit einem Menschen zu teilen, aus dem im Trott des Wanderns schnell eine enge Freundin wurde, war großartig. Tagestouren oder auch mal ein Wochenende verbringe ich gern alleine in den Bergen, aber große Projekte über mehrere Wochen plane ich nach wie vor am liebsten in guter Gesellschaft.

Gut gerüstet. Gut genug? Vielleicht stehst auch Du gerade vor der Frage, ob Du alleine losziehst, mit Deiner Partnerin/Deinem Partner, mit Freunden oder mit der Gruppe einer Bergschule. Grundsätzlich gilt: Wer keine oder nur wenig alpine Erfahrung hat, sollte nicht alleine losziehen, ganz gleich, auf welcher Strecke. Bei gutem Wetter und optimalen Bedingungen mögen Querungen wie Tegernsee–Sterzing oder auch Oberstdorf–Meran mit guter Kondition und Durchhaltewillen machbar sein, aber was, wenn das Wetter umschlägt? Wenn Du verletzt bist? Wenn Schnee oder Nebel alle Markierungen verschwinden lässt? Könntest Du Dich orientieren? Weißt Du, wie Du Dich dann am Berg verhalten musst? Wenn nicht, gibt's entweder die Möglichkeit, sich über einen langen Zeitraum darauf vorzubereiten und ausbilden zu lassen, oder mit bergerfahrenen Freunden oder einem kommerziellen Anbieter loszuziehen. Der Vorteil von privaten Touren ist natürlich, dass Du in einem viel vertrauteren Rahmen unterwegs bist, individuell bestimmen kannst, wo Du wie lange Pause machst, wo übernachtet wird und wann Du weitergehst. Bist Du mit einer Bergschule unterwegs, brauchst Du Dich dafür um keinerlei logistische Fragen zu kümmern, Du kannst Dich auch bei schlechten Bedingungen auf das Können Deines Berg(wander)führers verlassen und bekommst viele Zusatzinfos über Mensch und Natur. Beide Varianten haben also ihre Berechtigung. Du darfst und wirst mit Deiner Transalp an Deine eigenen Grenzen gehen, aber Du solltest dabei immer Deine Sicherheit und die Deiner Mitwanderer im Auge behalten.

Gleichgesinnte suchen Wer nicht allein aufbrechen will, im Freundeskreis aber nicht fündig wird, kann sich zum Beispiel in der örtlichen Alpenvereinssektion umsehen. Spätestens auf der Tour wirst Du oftmals fündig. Gerade auf Querungen wie dem E5 oder auch München–Venedig siehst Du sicher auf den Hütten immer wieder dieselben, bald vertrauten Gesichter, da ergeben sich schnell Gemeinschaften. Wenn Du auf dem Klassiker München–Venedig nicht alleine unterwegs sein willst, geht's besonders leicht: Immer am 8. August um 8 Uhr treffen sich Aspiranten am Marienplatz, um gemeinsam Richtung Markusplatz aufzubrechen. Auch für die Läufer auf der Route Salzburg–Triest gibt's einen gemeinsamen Startpunkt, sofern gewünscht: An jedem Tag zwischen Anfang Juli und Anfang September um 10 Uhr im Kurpark in Salzburg. Zudem dient den Triest-Aspiranten ein rotes Schleifchen am Rucksack als Erkennungsmerkmal. So muss nicht alleine wandern, wer dies nicht möchte, und es ergeben sich oft kurzweilige Begegnungen während der Tour.

Das Wandern in einer Gruppe kann besonders bereichernd sein.

16 Training
Warum die Transalp schon zu Hause beginnt

Das Gemeine am Bergwandern ist, dass man es leider nur am Berg 1:1 trainieren kann. Was für alle Transalp-Anwärter, die im Mittelgebirge oder gar am Alpenrand wohnen, leicht umzusetzen ist, bedeutet für Nordlichter einen größeren Aufwand. Grundlage für alle Alpenüberquerungen ist eine gute Kondition. Die kannst Du beim Joggen, Walken, Inlineskaten und Radfahren, im Winter auch gut beim Langlaufen aufbauen. Außerdem solltest Du im Alltag jede Hürde mitnehmen, die Du sonst vielleicht meidest: Du läufst die Treppe, statt den Aufzug zu benutzen. Und zwar wirklich jede Treppe! Denn das trainiert zusätzlich Beine und Hintern, aus denen Du beim Wandern Deine Kraft nimmst. Du steigst einige Stationen früher aus dem Bus oder der U-Bahn aus und läufst den Rest (oder sogar die ganze Strecke?) bis ins Büro. Du gönnst Deinem Auto möglichst oft eine Pause und forderst das Fahrrad heraus. Ja, das ist alles nicht immer gemütlich und gerade bei Regen oder Hagel sogar oftmals ziemlich unangenehm.

Aber es macht Dich fit für den Berg. Was dann unbedingt auf Deinem Plan stehen sollte: So viele »Vor-Transalp-Bergtouren« wie eben möglich. Für alle Nordlichter könnte das ein Harz-Wochenende sein, für Bewohner Süddeutschlands Touren im Mittelgebirge oder in den Alpen. Sobald Du Deine Ausrüstung zusammen hast, solltest Du sie ausgiebig bei diesen Trainingseinheiten prüfen. Dann kommt nicht erst auf der großen Tour die bittere Erkenntnis, dass der Rucksack doch nicht passt.

By fair means

Nur die Kraft der Beine zählt

17

Die Fußsohlen brennen, die Knie schmerzen, die Kehle ist durstig. Und da vorne, schemenhaft am Horizont zu erkennen – eine Bergbahn. Da juckt's doch kurz in den Fingern. Das wäre doch die Lösung, oder? In wenigen Minuten mit der Gondel komfortabel ins Tal zu schweben, statt zwei weitere Stunden im Abstieg Körper und Geist zu schinden. Die Versuchung ist groß … Ob Du ihr nachgibst, hängt vielleicht nur von Deiner Verfassung in dem Moment ab. Vielleicht aber auch von einer grundsätzlichen moralischen Einstellung. Denn nicht nur bei Expeditions-Bergsteigern und Kletterern, sondern auch bei Weitwanderern gibt es die Auffassung, ein Projekt sei nur dann korrekt und erfolgreich beendet, wenn auf jegliche Hilfsmittel (bei den zwei Erstgenannten in Form von künstlichem Sauerstoff und Sicherungen) verzichtet wird. Dann wird von einer Begehung *by fair means* gesprochen.

Für den Alpenüberquerer hieße das: keine Züge, Busse, Taxis, Schiffe oder Seilbahnen. Das einzige Hilfsmittel, das bis ins Ziel genutzt werden darf, sind die eigenen Füße. Natürlich macht diese Einstellung das Projekt Alpenüberquerung noch größer. In seiner Bedeutsamkeit, aber auch in sei-

ner Anforderung. Und manchmal auch unangenehmer. Ich denke da zum Beispiel an die zusätzlichen vier Stunden, die einkalkulieren muss, wer auf der Route Oberstdorf–Meran ab dem Bergsteigerdorf Holzgau nicht auf den Bus- und Taxiservice zurückgreift, sondern selber läuft. Da ist der Wanderweg nämlich zum größten Teil identisch mit dem Fahrweg der Busse, die etwa 20 Minuten für die Strecke bis zur Materialseilbahn benötigen, an deren Talstation der Aufstieg zur Memminger Hütte beginnt. Und der ist eng, in trockenen Wochen staubig und je nach Uhrzeit dann auch noch gut frequentiert. Die Aussicht ist meist mittelmäßig, der Weg einschläfernd. Für solche Strecken kann man durchaus überlegen, ob man sich die Pause nicht gönnt, im Bus ein wenig die Füße ausstreckt und sich für den nächsten Aufstieg erholt.

18 Tierische Alpenüberquerer
Auf vier Füßen oder mit Flügeln unterwegs

Es ist ein einzigartiges Spektakel, wenn Mitte Juni die Hirten mit etwa 4000 Schafen von den Dörfern Vernagt und Kurzras im Südtiroler Schnalstal zum Nieder- und Hochjoch aufbrechen. Ihr Ziel sind die Sommerweiden im österreichischen Ötztal. Der Weg führt nicht nur über eine Landesgrenze, sondern auch über einen Gletscher. Etwa ein Viertel der Schafe startet den bis zu 44 Kilometer langen Marsch bereits in Laas im Vinschgau. Bei den Sammelplätzen im Schnalstal wird noch einmal übernachtet, bevor es am frühen Morgen hinaufgeht. Bis zu 2200 Schafe und 300 Ziegen starten zwischen 3 und 6:30 Uhr in Vernagt (1700 m) und steigen in vier Gruppen durch das Tisental auf. Erst sanft ansteigend, später durch steile Felsenrinnen geht es bis zur Similaunhütte (3019 m), die nach etwa

3 ½ Stunden erreicht wird. Dann führt der Weg für Tier und Mensch zwar »nur noch« bergab, und die Hochtäler sind deutlich flacher, doch Nebel, Sturm und Schneefall erschweren den Abstieg oft stark. Endlich, nach weiteren drei kräftezehrenden Stunden, ist die Schäferhütte (2134 m) erreicht.

Von Kurzras (2011 m) aus nehmen die etwa 1500 Schafe in den frühen Morgenstunden die fünf Kilometer zum Hochjoch in Angriff. Nach einer kurzen Rast zieht die Herde weiter Richtung Rofenberg-Alm. Im September kehren die Tiere dann zurück in ihre Heimattäler.

Diese Alpenüberquerung ist keine neumodische Touristenattraktion, sondern eine Tradition, die es seit mindestens 6000 Jahren gibt. Womöglich liegen deren Ursprünge gar in der Bronzezeit.

Zarte Flügel in großer Höhe Ein anderer sehr erfahrener Alpenüberquerer kommt ohne Wolle, dafür mit prächtigem Outfit daher: der Admiral-Falter. Statt wie einige seiner Kollegen nur von Blüte zu Blüte zu flattern, macht sich der Falter wie ein Zugvogel jedes Jahr auf eine lange Reise. Im Frühling flattern sie aus dem Mittelmeerraum und Afrika bis zu uns nach

Mittel- und Nordeuropa. Eigentlich eine totale Schnapsidee! Vor allem, weil der Admiral wahrlich kein schneller Flieger ist. Mit etwa 10 Stunden-kilometern bewegen sie sich durch die Luft, nur bei Rückenwind können sie etwas schneller sein. Da wird die 2000 bis 3000 Kilometer lange Strecke schnell zum Lebensprojekt … Die Transalp ist für den Admiral aber ein einmaliges Vergnügen. Den Rückflug in den warmen Süden treten nur seine Nachfahren an.

Seit Jahrtausenden wechseln Schafe wandernd die Weideflächen.

19 Legendäre Alpenüberquerer
Von Kriegsherren und Eismännern

Noch immer ist er der wohl prominenteste Alpenüberquerer: der Karthagerführer Hannibal. Während des Zweiten Punischen Krieges machte er sich 218 vor Christus mit etwa 50 000 Soldaten, 9000 Reitern und 37 Elefanten auf, um einem römischen Angriff auf Spanien und Nordafrika zuvorzukommen. Über welchen Pass die Querung damals verlief, ist bis heute nicht eindeutig geklärt. Aktuelle Studien gehen davon aus, dass der Feldherr vom Tal der Rhone den Weg über den Col de la Traversette, einen fast 3000 Meter hoch gelegenen Pass an der heutigen französisch-italieni-

So könnte er ausgesehen haben: Ötzi-Nachbildung in Bozen.

schen Grenze, wählte. Was jedoch zweifelsfrei feststeht: Das Unterfangen war eine logistische und taktische Meisterleistung. Noch dazu im Winter! Ausgestattet mit Kleidung und Schuhen aus Fell, musste ein jeder etwa 30 Kilogramm Gewicht tragen, wie Historiker vermuten. Wie dramatisch die Überquerung wirklich war, können wir heute nur erahnen. Hannibal jedenfalls musste große Verluste – sowohl bei den Menschen, als auch bei den Tieren – verkraften. Doch nach rund 16 Tagen hatte er es geschafft und erreichte die Po-Ebene, von wo aus er erfolgreich Italien bekämpfte. Überlieferungen zufolge haben es übrigens alle Elefanten über die verschneiten Alpen geschafft. Die meisten starben jedoch wohl kurze Zeit später in den Sümpfen Norditaliens.

Der Mann aus dem Eis Einen zweiten berühmten Grenzgänger trafen zwei deutsche Bergwanderer im Jahr 1991. Allerdings war ihr Gegenüber nicht besonders gesprächig, kein Wunder nach über 5000 Jahren im Eis. Der heiße Sommer jenes Jahres legte den etwa 45 Jahre alten Mann, den Ötzi, frei. Am 3208 Meter hohen Tisenjoch wurde er geborgen. Die Bedeutung dieses Fundes war so manchem damals offenbar nicht bewusst. Nur so lässt sich der, sagen wir mal, eher rustikale Umgang mit der Mumie erklären. Bei der Bergung wurde die Hüfte des armen Kerls mit Pickel und Presslufthammer beschädigt, ein Arm gebrochen, damit Ötzi in den Sarg passte. Auch der Bogen, den der Mann aus dem Eis mit sich trug, wurde einfach zerbrochen, um transportiert werden zu können. Als klar war, welch sensationellen Fund man gemacht hatte, lief die Maschinerie aber bald an. Heute weiß man ziemlich viel über Ötzi, sein Leben und seine letzten Stunden. So wurde er durch einen Pfeilschuss in die Schulter verletzt, hatte ein Schädel-Hirn-Trauma und dazu Alltagskrankheiten wie Karies und Gallensteine. Seine abgenutzten Zähne sprechen dafür, dass er Getreide verzehrte. Seine Henkersmahlzeit war aber wohl Steinbockfleisch. Von seiner Augenfarbe (braun) über die Blutgruppe (Null) bis zu seiner Laktose-Intoleranz ist Ötzi mittlerweile gut durchleuchtet. Wer die Alpen auf der Route Oberstdorf nach Meran quert, kann die Fundstelle auf einem kurzen Abstecher (ca. 90 Minuten zusätzlich) besuchen. Eine vier Meter hohe Steinpyramide erinnert an den Fund. Wenn Du den Mann aus dem Eis persönlich treffen möchtest, kannst Du ihn im Archäologiemuseum in Bozen besuchen, wo er bei –6 Grad und 98 Prozent Luftfeuchtigkeit in einem gläsernen Sarg seine letzte Ruhestätte gefunden hat.

20 Kinder
Alpenüberquerer mit kurzen Beinen

Die Frage, ab wann man als Familie zu einer Transalp aufbrechen kann, wird immer wieder gestellt. Und immer wieder lautet die Antwort: »Kommt ganz drauf an«. Vor allem auf die individuelle Wanderlust und -erfahrung des Kindes, zum anderen auf die gewählte Route. Kommerzielle Veranstalter bieten Alpenüberquerungen oftmals für Kinder ab acht Jahren an. Häufig variiert die gewählte Route (oder die Länge der Etappen) im Vergleich zur Original-Querung. Ich selbst habe zum Beispiel schon die Tour von Oberstdorf nach Meran in der »Erwachsenen-Variante« mit Zehnjährigen in Angriff genommen, und das hat super geklappt (obwohl die Jungs aus Hamburg kamen!). Ein Hüttenwirt auf dieser Route erzählte aber auch von einer vollkommen überforderten Vierjährigen, der deutlich anzumerken war, dass sich bei dieser Alpenüberquerung lediglich der Traum ihrer Eltern erfüllte, nicht der eigene. Weinend und erschöpft saß sie nach einem 1700 Meter langen Abstieg im Tal – und sollte doch gleich am nächsten Tag weiterlaufen, damit der Zeitplan passte. Das ist natürlich Mist! Und mit ziemlicher Sicherheit hat man der Kleinen damit die Lust aufs Wandern und die Berge vergeigt. Ludwig Graßler, der Erfinder der Route München–Venedig, bekam dagegen ein Dankesschreiben von einer Familie, die mit einem Kleinkind, später dann mit dem Kind und einem weiteren im Bauch und schließlich mit zwei kleinen Kindern nach Venedig lief. Allerdings auf fünf Jahre aufgeteilt. Sich Stück für Stück über die Alpen zu arbeiten – gerade bei so langen Querungen –, ist sicher eine gute Idee. Denn auch für ambitionierteste Eltern lässt der Spaß am Kraxentragen (inklusive eines 10 bis 15 Kilogramm schweren Mitreisenden) unter Umständen bald nach.

Gut vorbereitet und ausgerüstet ist
eine Transalp auch für Kinder möglich.

Wenn die Kinder gern wandern, ist es oft erstaunlich, wie weit sie laufen können. Das passiert allerdings nicht auf einem monotonen Fahrweg. Sicherlich aber dann, wenn es am Wegesrand viel zu entdecken gibt und auch Zeit dafür bleibt. Je spannender der Weg, desto besser. Wenn Du dabei zu Passagen kommst, die für die Zwerge zu schwierig sind, solltest Du sie sichern. Das geht im einfachsten Fall mit zwei Stöcken, die Du horizontal hältst und an denen sich das vor Dir gehende Kind festhalten kann. Auf längeren Wegstücken sind Gurt und ein kurzes Seil die bessere Lösung. Damit haben die Kids mehr Spielraum. Natürlich müssen auch die Kleinsten eine gute Ausrüstung für Euer gemeinsames Abenteuer Alpenüberquerung bekommen. Dazu gehören unbedingt stabile und wasserdichte Wanderschuhe, wärmende Fleecekleidung und gutes Regenzeug.

Ist der Nachwuchs jünger als sechs Jahre, solltest Du das dem Hüttenpersonal bei der Anmeldung mitteilen. Vielleicht besteht die Chance, dass Ihr ein eigenes Lager bekommt. Oder einen Tisch etwas abseits vom Trubel, was für Euch und die anderen Gäste oft entspannter ist.

21 Tourenplanung

Erst denken, dann loslaufen

Schon bei Tagestouren ohne Übernachtung ist eine gute Tourenplanung das A und O. Wer sich nicht bereits vor dem Start zu Hause über Dauer des geplanten Ausflugs, Länge der Strecke, mögliche Alternativwege (z. B. bei schlechtem Wetter, Müdigkeit etc.), Einkehrmöglichkeiten, Anfahrt/Abfahrt und den Wegverlauf informiert, schaut unterwegs schnell in die Röhre. Dann hat die Hütte, auf der man doch mittags einkehren wollte, bereits Winterpause und der gesamte Rückweg wird von einem knurrenden Magen begleitet. Oder der letzte Bus fährt im September schon eine Stunde früher als gedacht. Oder im Nebel sind die Markierungen nicht mehr zu erkennen. Stolperfallen gibt's viele in den Bergen. Und sie werden auf einer längeren oder gar richtig langen Tour wie einer Alpenüberquerung wahrlich nicht weniger. Natürlich kann man eine Strecke wie München–Venedig nicht schon Monate vor dem Start daheim in allen Details ausarbeiten. Aber eine grobe Planung sollte man beim Loslaufen haben (inklusive eingeplanter Pausetage und ungeplanter »Unfreiwillig-frei-Tagen«).

Professionelle Planung Die Tourenplanung perfektioniert hat Werner Munter, der in Bergsteigerkreisen als »Lawinenpapst« bekannt ist. Er teilt die Planung in drei Planungsabschnitte auf: zu Hause, vor Ort und auf Tour. In jedem dieser Abschnitte werden drei Faktoren mit einbezogen: Gelände (Infrastruktur, Schwierigkeiten, Geländekenntnisse), Verhältnisse (Wetter, Wegbeschaffenheit) und Mensch (persönliches Können, Tagesform). Wenn Du diese 3x3-Formel im Hinterkopf behältst, kannst Du eine perfekte Tourenplanung durchführen. Zu Hause wählst Du eine Tour aus, von der Du denkst, dass Du (und ggf. Deine Mitwanderer) ihr gewachsen bist/seid. Dann wird ein grober Zeitplan festgelegt und Du stellst Deine Ausrüstung auf die Tour abgestimmt zusammen. Bewaffnet mit Kartenmaterial, Führerliteratur und guten Internetquellen informierst Du Dich bereits daheim über mögliche Alternativrouten und findest heraus, wo besonders schwierige/lange Etappen oder Abschnitte auf Dich warten. Dann geht's endlich los! Am Startpunkt prüfst Du, ob das, was Du Dir in der trockenen Stube daheim überlegt hast, auch mit der Realität, die jetzt vor Dir liegt, übereinstimmt.

Auch gute Rastpunkte lassen sich vorab auf der Karte eruieren.

Vielleicht ist der Weg, den Du gehen wolltest, wegen eines Erdrutsches gesperrt? Vielleicht ist ein Gewitter gemeldet, das mit der geplanten Gratetappe nicht gut zusammenpasst? Wenn nötig, ist jetzt der Zeitpunkt, um Deinen Plan anzupassen. So verfährst Du während der Tour immer weiter, prüfst etwa, ob Du noch fit genug bist, oder Dich erschöpft fühlst etc.

Das Wissen der Wirte Es ist ein schönes Ritual auf Fernwanderungen, am Nachmittag oder Abend die Route für den nächsten Tag erneut im Detail zu prüfen. Erkundige dich unbedingt bei den Hüttenwirten nach aktuellen Verhältnissen. Sie wissen oft als Erste, wenn irgendwo ein Murenabgang den Weg versperrt oder eine Nachbarhütte wegen Renovierungsarbeiten geschlossen ist. Wichtig bei der Tourenplanung: Plane ausreichend Zeit ein! Wenn in den Führern von sechs Stunden Gehzeit gesprochen wird, addiere im Kopf eine Stunde dazu. Wenn Du schneller läufst und nur fünf Stunden brauchst, wunderbar. Wenn Du aber gern öfter mal anhältst, die Aussicht, Gespräche am Wegesrand, Flora, Fauna oder Brotzeit genießt, dann bringt Dich dieser »Müßiggang« nicht in Schwierigkeiten, etwa wegen der einbrechenden Dunkelheit. Ebenso sieht es mit einem überraschenden Umweg aus, wenn Du Dich verlaufen hast, oder der Weg gesperrt war. Nicht zu vergessen sind zudem die vielen kleinen Zeitfresser: Schuhe neu binden, Jacke wechseln, Toilettengang, Orientierung. Der Faktor Zeit ist im Gebirge nicht zu unterschätzen!

22 Klettersteige
Eisenwege durch die Felsen

Auf allen Routen über die Alpen, werden sie Dir direkt oder indirekt irgendwann begegnen: Klettersteige. Mit indirekt meine ich, dass Du sie nur am Wegesrand passierst. Ein direkter Kontakt bedeutet, dass der Klettersteig zur Route gehört – oder als zusätzliches Schmankerl eingebaut werden kann. Klettersteige sind gerade groß in Mode, dabei gibt es sie schon eine Ewigkeit.

Ihre Ursprünge finden sich in den Dolomiten, wo schon früh *Vie ferrate* angelegt wurden. Teils gehören sie zu alten Kriegspfaden, teils wurden sie allein für touristische Zwecke angelegt. Typisch für die älteren Eisenwege ist, dass sie meist sehr lang sind, es zwischendurch viel Gehgelände gibt und dass sie die natürlichen Geländeformen ausnutzen. Neu angelegte Steige, sogenannte Sportklettersteige, wirken dagegen immer deutlich konstruierter (was sie ja auch sind), stets darum bemüht, spektakulär zu sein (entweder in Aussicht, Routenführung oder Schwierigkeitsgrad). Der Zustieg zu ihnen ist meist kurz, auch die Steige selbst sind zumeist deutlich kürzer als die alten Eisenwege. Gesichert sind alte wie neue Klettersteige durch Drahtseile, die mit Eisenstiften im Fels fixiert sind. Dazu kommen manchmal komplette Leitern, oder einzelne Stahlstifte oder Krampen (gebogene Eisenstifte).

Die richtige Ausrüstung Wenn Du während Deiner Alpenüberquerung gern auch einen Klettersteig begehen möchtest (und damit meine ich einen richtigen Klettersteig, nicht nur die mehr oder weniger kurzen, mit einem Drahtseil versicherten Stücke, die Dich auf fast allen Routen erwarten), musst Du die entsprechende Ausrüstung mitnehmen. Das bedeutet: Einen gut sitzenden Kletterhelm, einen Hüftgurt (ein zusätzlicher Brustgurt macht nur bei Kindern oder extrem dünnen Personen Sinn), ein Klettersteigset und Handschuhe (sie schützen vor Verletzungen durch das

Klettersteige dürfen nur mit der richtigen
Ausrüstung begangen werden.

Drahtseil). Das ist das Minimum an Ausrüstung, ohne das Du in keinen der Steige starten solltest. Manchmal sieht man irgendwelche selbst konstruierten, absolut abenteuerlichen Sets. Das mag kreativ sein, führt im Fall der Fälle aber zu schwersten Verletzungen oder dem Tod.

Die Schwierigkeitsgrade Ähnlich wie Wanderwege und Kletterrouten werden Klettersteige gemäß ihrer Schwierigkeit bewertet. Dabei haben sie ein eigenes, allerdings nicht einheitliches System. Die Einteilung reicht von A (leicht) bis E (extrem schwierig). Seit einiger Zeit gibt es auch eine Handvoll Steige der Kategorie F. Diese sind guten Felskletterern vorbehalten, die auch Seilsicherungstechniken beherrschen und konditionell fit sind.

Klettersteige richtig begehen Lege Deine komplette Ausrüstung beim Einstieg in den Klettersteig an. Bevor Du losgehst, mach nochmals einen Sicherheitscheck, ob der Gurt korrekt geschlossen, das Klettersteigset richtig angelegt ist, der Helm sitzt. Jetzt klingst Du beide Karabiner Deines Klettersteigsets in das Sicherungsseil ein. Klettere los. Lass dabei, wann immer möglich, die Beine die Hubarbeit machen, statt Dich am Seil oder Fels mit den Armen hochzuziehen. Das ist schnell ermüdend. Zudem solltest Du – genau wie beim richtigen Klettern – kleine Schritte machen.

Vor allem in steilen Steigen sollte Deine Hand unterhalb der Karabiner platziert sein und diese am Seil hochschieben. Sonst kann es passieren, dass Du die Karabiner erst von unten hochangeln musst, um sie zu bedienen.

Gelangst Du zum ersten Eisenstift, an dem Dein Seil sich nicht mehr weiterführen lässt, werden die Karabiner umgehängt. Dazu löst Du den vorderen Karabiner und klinkst ihn auf der anderen Seite des Stiftes wieder in das fortlaufende Seil ein. Nun den zweiten Karabiner unten ausklinken und oberhalb der Sicherung wieder einhängen. Jetzt greifst Du mit der Hand unterhalb der Karabiner das Seil und gehst weiter.

Wenn Du mit mehreren Menschen im Steig unterwegs bist, warte immer ab, bis derjenige vor Dir über den Eisenstift hinaus und im nächsten Abschnitt des Steiges unterwegs ist. So verhinderst Du, dass Dich derjenige im Fall eines Sturzes mitreißt.

Gefahren im Klettersteig Moderne Klettersteigsets sind ziemlich ausgereift. Dennoch solltest Du einen Sturz unbedingt vermeiden. Denn anders als ein dynamisches Kletterseil, das Stürze federt und sanft auffängt, sind die

Die Via Ferrata Cesare Piazzetta führt durch die Sella-Dolomiten.

Strippen eines Klettersteigsets relativ statisch. Ihre einzige Aufgabe ist es, einen Komplettabsturz zu verhindern. Das tun sie zuverlässig. Allerdings sind die Kräfte, die bei einem Sturz auf Dich einwirken würden, trotz der eingebauten Fallstoßdämpfer groß. Beachte auch, dass die Sturzhöhe und damit die Kräfte größer sind, je weiter die einzelnen Eisenstifte auseinanderliegen. Denn im Fall eines Sturzes wirst Du erst durch den nächsten Stift, der unter Dir liegt, gebremst.

Sind Gewitter vorhergesagt, heißt das für Dich: heute kein Klettersteig! Denn die Anlagen mit ihrem vielen Stahl ziehen Blitze förmlich an. Wirst Du im Steig von einem Gewitter überrascht, solltest Du so schnell wie möglich nach einem Ausstieg suchen. Auch solltest Du Deine Ausrüstung weit genug von Dir weg deponieren. Auch bei Regenwetter sind Klettersteige kein Spaß. Der Fels wird dann nämlich schnell zur Rutschbahn.

Eine große Gefahr im Klettersteig ist Selbstüberschätzung. Immer wieder werden Bergretter wegen Blockaden zu Steigen gerufen. Für die Begeher geht's weder vor, noch zurück. Das lässt sich durch eine realistische Einschätzung des eigenen Könnens vermeiden. Taste Dich langsam an die Klettersteige heran, beginne mit den einfachen und steig nicht gleich in einen Sportklettersteig der Kategorie E ein.

23 Gesteinsarten

Ein Stein ist ein Stein, ist ein Stein? Oder?

Wenn Du Dich auf den Weg über die Alpen machst, zumal wenn Du eine Durchquerung der Länge nach anstrebst, wirst Du bald merken, wie sehr sich die Berge unterscheiden. Klar, durch Höhe, Form, Geschichte, Begehbarkeit. Aber vor allem auch durch ihren Baustoff – ihr Gestein.

Im nördlichen Teil der Ostalpen gehst Du durch die Kalkalpen. Wie der Name bereits verrät, handelt es sich bei ihnen um Kalkstein, gebildet aus den Ablagerungen von Tieren und Pflanzen, die im Tethys-Meer unterwegs waren. Bergsteiger und Kletterer mögen dieses Gestein sehr, weil es durch die Verkarstung eine stark strukturierte Oberfläche besitzt. Raue Tritte und kantige Griffe sind ideal für alle, die gern in der Vertikalen unterwegs sind.

An vielen Stellen in den Dolomiten, etwa an den berühmten Drei Zinnen in Südtirol, aber auch zwischen Allgäu und Wiener Wald kommst Du mit Dolomit in Kontakt. Seinen Ursprung hat das splittrige, harte Gestein im warmen Wasser tropischer Meere. Durch chemische Prozesse im Wasser und Ablagerungen von Organismen bildete sich Kalkstein. Das Meerwasser strömte langsam durch die Poren hindurch, führte Magnesium zu und wandelte den Kalk in Dolomit um. Für Wanderer und Bergsteiger gilt Vorsicht, denn das Gestein bricht leichter als Kalk und muss daher achtsam belastet werden.

Wer beim Stichwort Vulkanit nur an brodelnde Vulkane auf Hawaii denkt, liegt falsch. Auch in den Alpen findet sich dieser Stein, etwa in Form des Bozener Quarzporphyrs.

Mineraldolomit an der Rosengartenspitze in den Dolomiten

24 Dolomiten
Unterwegs in den »Bleichen Bergen«

Wenn Du Dich bei einer Längsquerung auf den Weg gen Süden machst, kommst Du auf den meisten Routen zu ihnen: die Dolomiten. Östlich der Etsch und südlich des Pustertals gelegen, erstrecken sich die Dolomiten im Norden Italiens über die Provinzen Südtirol, Trentino und Belluno. Sie strecken sich hinauf bis auf die Marmolada (3343 m). Die Dolomiten sind anders. Viele halten sie für die schönsten Berge der Welt. Dass Reinhold Messner, selbst gebürtiger Dolomiten-Bewohner, das so sieht, ist verständlich. Aber auch Le Corbusier, der legendäre schweizerisch-französische Architekt, konnte sich der Faszination dieser Berge nicht entziehen. Er nannte sie einst »das schönste Bauwerk der Welt«.

König Laurin und sein Rosengarten   Die Anziehungskraft der Dolomiten zu beschreiben, fällt schwer. Aber wer sich erst mal zwischen diesen prägnanten Zacken, Tafelbergen und Zinnen bewegt, der fühlt schon bald mit dem Herzen, was gemeint ist. Und zwar nicht erst dann, wenn die Sonne den Tag verabschiedet und der Rosengarten in tiefem Rot erstrahlt. Doch tatsächlich ist nirgendwo sonst dieses Bergleuchten so eindrucksvoll. Noch dazu gibt's eine wunderbare Geschichte dazu. Die handelt vom Zwergenkönig Laurin. Im »Gartl«, einem Schuttkar zwischen Rosengartenspitze, Laurinswand und Vajolet-Türmen, lag der Legende nach der traumhaft schöne Rosengarten von Laurin. Als der König an der Etsch beschloss, seine Tochter Similde zu verheiraten, lud er alle Adeligen der Umgebung ein. Nur den Zwergenkönig Laurin nicht. Das konnte dieser natürlich nicht so auf sich sitzen lassen. Er wickelte sich in einen Umhang, der ihn unsichtbar machte. So konnte er doch als Gast bei dem Empfang dabei sein. Als er die schöne Similde sah, verliebte er sich Hals über Kopf in sie. Er schnappte die Tochter des Königs und galoppierte mit ihr auf seinem Pferd davon. Sofort zogen die Recken des Königs unter der Führung von Dietrich von Bern los, um Similde zurückzuholen.

Verräterische Rosen   Als die Soldaten den Rosengarten erreichten, band sich Laurin einen Wundergürtel um, der ihm die Kraft von zwölf Männern verliehen haben soll. Doch bald schon merkte er, dass er den Kampf trotzdem ver-

Die Vajolet-Türme zählen zu den Promis der Alpen-Berge.

lieren würde. So griff er sich erneut den Mantel – andere Erzählungen sprechen von einer Tarnkappe –, um sich unsichtbar zu machen. Was Laurin nicht bedachte: Seine Rosen wackelten, wenn er an ihnen vorbeilief und verrieten so, wo er sich verbarg. Die Soldaten packten ihn und führten ihn ab. Laurin drehte sich ein letztes Mal um und belegte den Rosengarten, der ihn so schäbig verraten hatte, mit einem Fluch: Weder bei Nacht, noch bei Tag sollte ihn jemals mehr ein Mensch sehen können. Doch der Zwergenkönig hatte die Dämmerung vergessen. Und so »blüht« der Rosengarten im Sonnenauf- und -untergang. Nach einem erfüllenden Wandertag mit einem Glas Wein auf der Hüttenterrasse zu sitzen und dieses Spektakel zu bestaunen, gehört mit Sicherheit zu den prägendsten Eindrücken jeder Alpenüberquerung.

Berühmte Routen Der Name der Dolomiten geht zurück auf den französischen Geologen Deodat de Dolomieu (1750–1801), der 1789 das spezielle Gestein der Dolomiten als Erster beschrieb, diesen Kalkstein mit sehr hohem Magnesiumgehalt. Zuvor hieß er *Monti pallidi*, blciche Berge. Ein Spitzname, den die Dolomiten auch heute noch tragen. Wegen ihrer Schönheit wurden sie 2009 zum UNESCO-Welterbe ernannt. Vor allem für Kletterer waren sie schon lange vorher eine Krönung wert, finden sich doch an den Wänden von Sella, Rosengarten, Langkofel oder den Drei Zinnen einige der berühmtesten Kletterrouten der Alpen.

25 Die höchsten Gipfel
Seven Summits der Alpen

Als Transalpler bist Du ein Grenzgänger. Je nach gewählter Tour führt Dich Dein Weg durch unterschiedlich viele Länder. Vielleicht gar in alle acht Alpenstaaten. Du wirst unzählige Berge sehen, einige hoffentlich mit Landkarte und/oder Peakfinder-App identifizieren. Und Du wirst die Größten der Alpen sehen, mal aus der Nähe, mal aus der Ferne.

Auf jeden Fall macht es sich spätestens am Abend auf der Hütte beim Fachsimpeln super, wenn man die »Seven Summits der Alpen« benennen kann. Darum hier einige Infos zum Angeben (oder heimlich Für-sich-Behalten):

Mont Blanc (4810 m) Er ist der König der Alpen. Zwar liegt der Mont Blanc auf der Grenze nach Italien, er gehört aber noch zu Frankreich.

Dufourspitze (4634 m) Nein, nicht das Matterhorn und auch nicht der Eiger, die sicherlich in Nicht-Bergsteiger-Kreisen die bekannteren Gipfel der Schweiz sind, sondern die Dufourspitze ist der höchste Berg der Eidgenossen. Im Monte-Rosa-Massiv im Wallis gelegen, ist er zugleich auch der schwierigste der »Seven Summits«. Auf den 1800 Metern von der Monte-Rosa-Hütte zum Gipfel sind Eispassagen bis 45 Grad und Felsen im II. Grad zu bewältigen.

Gran Paradiso (4061 m) Der Berg beschert den Italienern noch so gerade eben einen Viertausender. Noch dazu einen, der die Grundlage legte für die Wiederansiedlung des Steinbocks.

Großglockner (3798 m) Auf Österreichs Höchsten führen rund 30 verschiedene Routen. Doch nachdem alle auf dem Gipfel enden, wird es dort mitunter an schönen Sommertagen ziemlich voll. 150 Begeher pro Tag und mehr sind keine Seltenheit. Wer nicht hinauf, sondern nur drum herum will, findet mit der Glocknerrunde eine herrliche Wanderung durch den Nationalpark Hohe Tauern, die etwa eine Woche dauert. Wer ganz faul ist, steigt ins Auto und schaut von der Franz-Josefs-Höhe auf den Großglockner. Seit Eröffnung der Großglockner-Hochalpenstraße sollen das immerhin schon über 70 Millionen Besucher getan haben. Wer noch fauler ist, bewundert den schönen Berg auf Briefmarken oder auf dem Wappen der Gemeinden Kals und Heiligenblut.

Zugspitze (2962 m) Dass Deutschlands höchster Gipfel nicht mal die 3000er-Marke geknackt hat, tut seiner Berühmtheit keinen Abbruch. Bis zu 4000 Besucher täglich gondeln mit einer der drei Seilbahnen hinauf. Vom leider komplett verbauten Zugspitzplatt führt ein kurzer, seilversicherter Weg hinauf zum Gipfelkreuz. Dort spielen sich mitunter unfreiwillig komische Szenen ab, wenn Besucher in Pumps oder Flipflops versuchen, für ein Selfie hinaufzukommen. Da werden sich die Erstbegeher des Berges, der bayerische Leutnant Josef Naus mit seinem Gehilfen Maier und dem Bergführer Johann Georg Tauschl am 27. August 1820 wohl besser angestellt haben. Noch immer ist die von ihnen gewählte Route durch das Reintal der leichteste Anstieg. Ein Traum für gute Alpinisten ist der Jubiläumsgrat, die Verbindung zwischen Zugspitze und Alpspitze. Auf fünf Kilometern geht's – meist ungesichert – mit unglaublichem Panorama über den schmalen Grat.

Triglav (2864 m) Von allen Seiten führen Wanderwege auf den höchsten Gipfel Sloweniens. Und so gehört es für viele Slowenen zum guten Ton, den Berg einmal im Leben bestiegen zu haben. Die Ersten, die oben standen, waren die vier Slowenen Lovrenc Willomitzer, Luka Korosec, Stefan Rozic und Matija Kos im Jahr 1778.

Vordere Grauspitze (2599 m) Wer wann und wie zum ersten Mal auf dem höchsten Berg des kleinsten Alpenstaates stand, ist unbekannt. Und auch heute noch ist die Besteigung des Gipfels in Liechtenstein eine besondere Mission. Denn nach oben führen nur Trittspuren durchs Schrofengelände.

Mont Agel (1148 m) Der achte Alpenstaat, Monaco, darf keinen Berg sein eigen nennen. Denn der Mont Agel im Grenzgebiet zwischen Fürstentum und Frankreich gehört zu den Französischen Seealpen. Ein Fußweg, der Chemin des Révoires, führt von Monaco hinauf. Auf 164 Metern endet allerdings das Staatsgebiet, und somit ist das der höchste Punkt des Fürstentums.

26 Wie viel eine Transalp kostet
Money, money, money

Wie viel eine Alpenüberquerung kostet, hängt natürlich von mehreren Faktoren ab. Bevor es überhaupt losgeht, fallen ggf. erhebliche Kosten für die passende Ausrüstung an, es sei denn, Du hast schon alles vorrätig. Von der Dauer Deiner Tour, von Deinen Ansprüchen an Essen und Trinken, von der Wahl Deines Nachtlagers (Pensionen und Hotels, Bett oder Matratzenlager auf den Hütten, unter freiem Himmel) und den Transportkosten (falls Du zwischendurch mit Bahn, Bus, Taxi fahren möchtest oder musst). Von 0 Euro pro Tag bis 150 Euro und mehr ist also alles möglich. Als Orientierung: Wenn Du jede Nacht auf einer Hütte übernachtest, dort abends isst und morgens frühstückst, am Nachmittag vielleicht noch ein Stück Kuchen konsumierst und unterwegs ein Getränk, solltest Du mit etwa 50 Euro pro Tag rechnen. Bedenke: Auf den allermeisten Hütten ist nur Bares Wahres. Du musst also ausreichend Bargeld dabeihaben und die Vorräte im Tal regelmäßig am Geldautomaten auffüllen.

Rucksackwahl

Der Freund auf meinem Rücken

Er ist Dein ständiger Begleiter beim Abenteuer Alpenüberquerung. Wenn er nicht zu Dir passt oder Du nicht zu ihm, kann die ganze Tour zum Desaster werden. Klingt dramatisch, lässt sich aber ganz einfach verhindern, indem Du frühzeitig prüfst, ob Du den richtigen Gehilfen gefunden hast.

Eine Frage der Größe ... Für die Tour den Rucksack des besten Freundes ausleihen? Günstig ein gebrauchtes Model auf dem Flohmarkt schießen? Das ist im Zweifelsfall keine so gute Idee. Zumindest nicht, wenn der Vorbesitzer 1,90 Meter groß ist und Du es vielleicht eher auf 1,75 Meter bringst. Oder wenn der Inhaber den Rucksack lieber nah am Rücken liegen hatte, Du aber einen leichten Durchzug bevorzugst. Kurzum: Es macht Sinn, sich schon mindestens sechs Monate vor der geplanten Überquerung intensiv mit dem Thema Rucksack auseinanderzusetzen. Am besten lässt Du Dich im Fachhandel beraten. Letztlich benötigst Du für eine kürzere

Rucksack und Schuhe sind Deine beiden wichtigsten Begleiter.

Überquerung von sechs bis zehn Tagen dieselben Dinge, wie für eine vierwöchige Tour. Wer für eine längere Wanderung aber gern noch etwas mehr Kleidung einpacken möchte, sollte die Größe seines Rucksacks entsprechend anpassen. Abzuraten ist von 70-Liter-Modellen. Diese sind prima für eine Weltreise, auf der die meisten Strecken mit Flugzeug, Bus oder Bahn zurückgelegt werden. Auch für Touren mit Zelt und kompletter Selbstversorgung machen Modelle mit über 60 Litern Volumen Sinn. Aber bei einer Hüttentour über die Alpen willst Du so ein Ding inklusive Inhalt nicht schleppen, glaube mir. Darum gilt: Minimalisten sind mit einem 35-Liter-Rucksack gut bedient, wer etwas entspannter packen möchte, greift zu einem Modell mit 45 Litern Volumen. Ziel ist es, das Rucksack und Ausrüstung inklusive Wasser ca. acht bis zehn Kilo auf die Waage bringen. Unterwegs wirst Du für jedes eingesparte Kilo dankbar sein. Und alle, mit denen ich bislang über die Alpen gelaufen bin, haben nach der Tour gestaunt, mit wie wenig es sich gut leben lässt.

... und eine Frage der Länge Kein Rucksackkauf, ohne zu probieren. Jeder Rücken, jede Statur ist anders. Darum gibt es Rucksäcke in verschiedenen Rückenlängen von ca. 40 bis 70 Zentimetern. Die meisten Ausstatter unterteilen in kurze, mittlere und lange Rückenlängen. Innerhalb dieser Unterteilung lassen sich fast alle Modelle, z. B. durch in der Höhe verstellbare Schultergurte, feinjustieren. Probiere verschiedene Rucksäcke aus. Am besten gepackt, das bieten die meisten Ausrüstungsläden an. Anders als bei kleinen Tagesrucksäcken sollten die Schulter-, vor allem aber die Hüftgurte Deines Alpenüberquerungs-Partners gut gefüttert sein. Du wirst einige Kilogramm Gepäck über viele Tage tragen müssen, da ist man schnell dankbar für eine gute Polsterung. Es gibt mittlerweile auch spezielle Damenmodelle, die sich der weiblichen Anatomie anpassen. Geschmackssache ist, ob Du einen Rucksack wählst, der dicht am Rücken anliegt, oder über ein Lüftungssystem verfügt. Ebenso ob Du ein eher spartanisches Modell mit wenigen Außenfächern wählst, oder mit vielen Taschen. Bedenke: Je mehr Schnallen und Taschen, desto mehr Eigengewicht hat der Rucksack. Zudem bleibt man damit schneller mal hängen.

Dein Rucksack sollte zudem über einen Regenschutz verfügen. Der befindet sich meist im Deckelfach oder im Boden. Ist der Schutz nicht integriert, gibt es separate Regenhüllen in verschiedenen Größen zum Kaufen.

Den Rucksack richtig packen

Innen drin statt außen dran

Grundsätzlich gilt: Bitte möglichst wenige Dinge außen am Rucksack tragen. Jacken, die mit abenteuerlicher Technik zwischen Gurten eingeklemmt werden, Kuscheltiere, die aus Seitentaschen in die Landschaft schauen und Trinkflaschen, die am Rucksack baumeln und bei jedem Schritt ein nerviges »Klong« von sich geben – bitte nicht! Ihr glaubt gar nicht, hinter wie vielen Isoflaschen ich schon hergesprungen bin, weil sie einem Gast aus der Seitentasche geflogen sind. Dinge, die außen am Rucksack befestigt werden, können außerdem nicht nur schnell rausfallen, Du kannst damit auch schneller zum Beispiel an Felsen oder Zweigen hängen bleiben.

Beim Packen solltest Du darauf achten, dass alle schweren Dinge (Proviant, Trinksysteme) möglichst nah am Rücken und möglichst mittig verstaut werden. Leichtere Kleidung dient zum Auffüllen der Lücken. Oftmals sieht man Wanderer, deren Deckelfach zu platzen droht. Keine gute Idee! Vor allem schwere Dinge gehören nicht dort oben rein, weil sie den Schwerpunkt ungünstig beeinflussen. Taschentücher, Wanderkarte, Geld, vielleicht ein Müsliriegel, die sind gut im Deckelfach aufgehoben. Hat Dein Rucksack ein abgeteiltes Bodenfach, so machen sich dort voluminöse Dinge wie Daunenjacke oder – sofern er dabei ist – Schlafsack gut.

Für Übersichtlichkeit im Rucksack sorgen Mülltüten oder Packsäcke in verschiedenen Größen und Farben. Letztere gibt es auch in wasserdichter Ausführung. Sie bieten sich vor allem für all jene Dinge an, bei denen es Dir wichtig ist, dass sie wirklich trocken bleiben (Wechselkleidung, Geldbörse, Karten, Handy etc.).

29 Den Rucksack korrekt tragen
Hüfte sticht Schultern

»Puh, meine Schultern tun so weh.« Solche Klagen hört man gern abends auf den Hütten. Ab und zu werden dazu sogar noch lädierte Schlüsselbeine präsentiert. Auch wenn der eine oder andere behaupten mag, diese Schmerzen gehörten einfach dazu: Meist entstehen sie ausschließlich dadurch, dass der Rucksack falsch getragen wird.

Aufsetzen, Schnallen schließen, losmarschieren – so einfach ist es halt doch nicht. Es gilt einiges zu beachten. Das Wichtigste ist, dass die Hüften den Großteil des Gewichts tragen, nicht Deine Schultern. Um das zu erreichen, solltest Du folgende Schritte beachten und Deinen Rucksack jeden Morgen und nach jeder Pause nach dem folgenden Ablauf aufsetzen:

Du hebst den Rucksack an beiden Schultergurten hoch, nicht an dem kleinen Tragegriff in der Mitte. Denn vor allem bei schwerem Gepäck droht dieser zu reißen, wenn Du den Rucksack daran hochhebst. Nun setze ihn auf einem Oberschenkel ab und dreh Dich mit einem Arm in einen Schultergurt. Den Rucksack hochstemmen und mit dem zweiten Arm in den anderen Schultergurt eintauchen. Beim Schließen der Schnallen beginnst Du immer mit dem Hüftgurt. Dieser sollte mittig auf dem Becken liegen, nicht in der Taille. Ihn schließt Du als Erstes und ziehst ihn straff. Nun sind die Schultergurte dran. Ziehe sie sehr straff an, fast so, dass es etwas unangenehm ist. Als Nächstes werden die Lastenkontrollriemen eingestellt. Das sind die kleinen Gurte über den Schultergurten. Zieh sie zu Dir heran. Idealerweise beginnen sie in etwa auf Höhe Deines Schlüsselbeins, sich anzuheben. Nun lockere die Schultergurte so weit, dass sich das Gewicht des Rucksacks auf Deine Hüfte absenkt. Jetzt sollte sich der Rucksack gut anfühlen, die Schultern haben ausreichend Bewegungsmöglichkeit und Du spürst dort oben kaum eine Last.

Bei Tagestouren kannst Du ausprobieren, ob der Rucksack passt.

30 Die Packliste

Ja, es klingt spießig und unspontan, aber tatsächlich sind Packlisten für alle, die nicht regelmäßig Fernwanderungen unternehmen und hundertprozentig im Kopf haben, was alles benötigt wird, unumgänglich. Bei der Vorbereitung auf Deine Alpenüberquerung wird Deine Packliste wachsen und schrumpfen, sich immer wieder verändern, wenn Du Ausrüstungsgegenstände getestet, einen neuen Tipp von erfahrenen Transalplern bekommen hast, oder die Liste um Deine ganz persönlichen »Muss unbedingt dabei sein«-Dinge ergänzt hast. Speichere die Liste digital ab und passe sie nach Deiner Tour an. Was hast Du vielleicht nicht gebraucht? Was hat gefehlt? So entsteht über die Jahre Deine ganz persönliche, perfekte Packliste. Und das ist alles andere als spießig, sondern einfach super praktisch. Solche Listen machen übrigens auch für Eintagestouren, Skitouren, Klettersteigausflüge etc. Sinn.

Hier eine beispielhafte Packliste für eine mehrwöchige Alpenüberquerung mit Hüttenübernachtungen ohne Gletscherbegehungen zum Abhaken:

Deinen Rucksack packst Du am besten nach einer Packliste.

- ❏ 1 Wanderruck-
  sack, maximal
  35–40 Liter mit
  Regenhülle
- ❏ 1 Paar Trekking-
  stöcke, verstellbar
- ❏ 1 Paar gut einge-
  laufene Wanderstiefel
- ❏ 1 Trekkinghose lang (Softshell),
  alternativ 1 Zipp-Hose
- ❏ 1 Trekkinghose kurz (Softshell)
- ❏ 2 Paar Wandersocken
- ❏ 1 Paar Hüttenschuhe
- ❏ 1 Hüttenhose/Ausgehhose
- ❏ 1 Hüttenshirt/Ausgehshirt
- ❏ 1 Langarm-Funktionsshirt
- ❏ 2 Kurzarm-Funktionsshirts
- ❏ 3–4 Unterhosen
- ❏ 2 Sport-BHs
- ❏ 1 Isolationsjacke
  (Fleece, Daune oder Primaloft)
- ❏ 1 Regenjacke
- ❏ 1 Regenhose
- ❏ 1 Mütze
- ❏ 1 Paar Handschuhe
  (am besten wasserdicht)
- ❏ 1 Stirnband oder Sonnenhut
- ❏ evtl. Badekleidung
- ❏ 1 Hüttenschlafsack
- ❏ 1 Stirnlampe
- ❏ 1 Sonnencreme (Faktor 30–50)
- ❏ 1 Sonnenbrille
- ❏ Bargeld und EC-/Kreditkarte
- ❏ DAV-Ausweis
- ❏ Personalausweis
- ❏ Krankenversicherungskarte

- ❏ Handy
- ❏ Aufladegerät (ggf. Powerbank)
- ❏ Kamera
- ❏ Mikrofaserhandtuch
- ❏ Zahnbürste
- ❏ Zahnpasta
- ❏ Duschgel
- ❏ Shampoo
- ❏ Deo
- ❏ Pille/Kondome o. ä.
- ❏ evtl. Tampons/Binden
- ❏ individuelle Medikamente
- ❏ Kontaktlinsen/Reinigungs-
  mittel/Brille
- ❏ Erste-Hilfe-Set inkl. Blasen-
  pflaster
- ❏ Bürste
- ❏ Ohropax
- ❏ 3–4 Mülltüten
- ❏ 1 Taschenmesser
- ❏ 1 Löffel
- ❏ Tagebuch & Stift
- ❏ 1 Zip-Lock-Beutel
- ❏ Wanderführer
- ❏ Wanderkarten
- ❏ GPS/Kompass
- ❏ Trinkblase oder Thermoskanne
- ❏ Müsliriegel/Nüsse
- ❏ evtl. ein Sprachlexikon,
  je nach Route

31 Schuhe
Große Liebe oder großer Frust

Wer an einem Samstagmorgen in einem Ausrüstungsgeschäft seiner Wahl wie nebenbei einen Schuh für das Abenteuer Alpenüberquerung kaufen möchte, der wird rasch merken: Dies ist kein »Mal eben schnell«-Projekt, sondern kann zur Mammutaufgabe mutieren. Von der Auswahl an Hightechschuhen fühlt sich so mancher erst einmal erschlagen. Für jedes Terrain gibt es ein spezielles Modell, ob Du durch den Dschungel möchtest oder auf den Mount Everest, ob Du eine lange Strecke vor Dir hast, oder vergletscherte Gipfel. Und jedes Jahr kommen neue Innovationen hinzu. Da heißt es erst mal durchatmen. Und sich dann Stück für Stück herantasten an Deinen perfekten Begleiter. Dabei helfen folgende Fragen …

Die Knöchel soll er schützen, griffige Sohlen soll er haben: So sieht ein guter Wanderschuh für Deine Alpenüberquerung aus.

Wohin soll's gehen? So verführerisch bequem die leichten, halbhohen Hikingschuhe auch sein mögen, für das Projekt Alpenüberquerung, ganz gleich auf welcher Route, sind sie nicht die passenden Partner. Zu weich der Schaft, zu nachgiebig die Sohle. Spätestens beim Abstieg im Geröll geraten selbst die Bänder trittsicherer Wanderer darin an ihre Grenzen. Was Du also benötigst, ist ein richtiger Wanderstiefel, der Deinen Knöchel umschließt und der über eine Sohle verfügt, die so torsionsfest (also verwindungssteif) ist, dass sie Dir ausreichend Halt auch in unwegsamem Gelände bietet. Wenn Du eine Route planst, auf der Du Gletscher- oder Eiskontakt hast, müssen Deine Schuhe zudem steigeisenfest (Kategorie C) oder zumindest bedingt steigeisenfest sein. Die eierlegende Wollmilchsau gibt's nicht, aber ziemlich nah dran kommt für dieses Vorhaben ein Allroundschuh der Kategorie B/C, also bedingt steigeisenfest.

Leder oder Gore-Tex? Vollederschuhe sind die Klassiker unter den Wanderstiefeln. Nach wie vor haben sie viele Vorteile, vor allem das angenehmem Fußklima durch eine gute Belüftung. Gerade in warmen Gefilden oder im Hochsommer ist man darüber schnell dankbar. Schuhe aus Leder sind zudem sehr robust und langlebig, was aber auf Kosten des Gewichtes geht. Sind Lederschuhe einmal nass geworden, dauert es zudem ziemlich lange, bis sie wieder ganz trocken sind. Das ist leider selbst dann der Fall, wenn die Schuhe vorher mit Wachs imprägniert wurden.

Leichter sind dagegen Gore-Tex-Schuhe (oder Modelle mit einer anderen synthetischen Membran). Der Vorteil, dass man auch bei nassen Verhältnissen schön trocken bleibt, wird an Schönwettertagen manchmal zum Nachteil, wenn sich unter der Membran die Hitze staut. Dann gibt's bei komplett wasserdichten Exemplaren Schweißfußgarantie. Ein guter Mittelweg sind Bergschuhe, die zumindest teilweise aus synthetischen Materialien bestehen und damit nicht zu schwer sind.

Egal, ob Leder oder Synthetik: Kauf Deinen Schuh frühzeitig. Ihr müsst Euch erst aneinander gewöhnen! Zwar müssen nur noch Modelle aus Leder eingelaufen werden, dennoch ist es wichtig, bereits vor der Tour zu prüfen, ob der Schuh wirklich nirgendwo drückt und reibt. Einen ersten Eindruck davon, wie sich der Schuh läuft, kannst Du in guten Ausrüstungsgeschäften bereits vor Ort bekommen – auf einem kleinen Parcours, der verschiedene Geländeformen und Steigungen simuliert.

32 Schnürsenkel
Gut geschnürt, ist halb gewandert

Vielleicht wunderst Du Dich, dass Schnürsenkel einen eigenen Eintrag in diesem Buch bekommen. Doch tatsächlich können sie Dir Deine Wanderung verschönern oder eben vermiesen. Achte darauf, dass sie griffig sind. Nur dann entwickeln sie kein Eigenleben und lösen sich womöglich an Stellen, an denen es extrem unpassend ist. Schnürsenkel sollten lang genug sein, aber nicht so lang, dass Du Dich beim Laufen mit dem anderen Schuh darin verhedderst. Eine Doppelschleife ist Pflicht! Außerdem gibt's einige pfiffige Tricks, wie Du die Schnürsenkel binden kannst, um Dich beim Laufen zu unterstützen. Willst Du zum Beispiel mehr Zug auf die Ferse bringen und verhindern, dass die Füße weiter nach vorne rutschen (etwa beim Bergablaufen), solltest Du beim Schnüren von unten nach oben die Ösen in der Mitte zunächst überspringen und stattdessen ganz oben weiterbinden. Erst dann springst Du in die Mitte und schließt dort die Bänder. Wenn der Schuh mal am Schienbein drückt, kannst Du auch einfach die oberen ein bis zwei Ösen beim Schnüren auslassen. Das kann auch beim Bergaufsteigen sehr entlastend sein. Komplett geöffnet werden die Schnürsenkel aber immer erst im Schuhraum der Zielhütte.

Ganz nebenbei sind Schuhe ein perfekter Foto-Vordergrund.

Socken

Reibungslose Freundschaft

Es lohnt sich, in gute Wandersocken zu investieren.

Egal, wie gut Dein Schuh ist, wenn Du Socken trägst, die nicht passen, sind Blasen und Schmerzen programmiert. Normale Baumwollsocken dürfen in der Schublade zu Hause auf Deine Rückkehr warten. Sie können nämlich Feuchtigkeit schlecht transportieren, was dazu führt, dass Deine Füße schnell schwitzen, feucht werden und durch Reibung Blasen entstehen. Auf einer Alpenüberquerung sind ausschließlich Wandersocken die richtigen Begleiter. Auch wenn Du beim Anblick der Preise für gute Socken vielleicht kurz schlucken musst, hier solltest Du wirklich nicht sparen, denn Deine Füße sind Dein wichtigstes Körperteil auf der Tour (neben Deinem Kopf natürlich). Bewährt haben sich Modelle, die aus einer Mischung aus Synthetikfasern und Wolle bestehen. Erstere sorgen dafür, dass der Fußschweiß schnell trocknet und wenig Reibung entsteht, die Wolle hält warm und senkt die Geruchsbildung. Dafür werden vor allem Deine Mitwanderer dankbar sein. Etwa 20 Prozent Wollanteil sollten es sein. Wenn Du zu kalten Füßen neigst, gern auch mehr. Dass Du auch die Socken zusammen mit Deinen Wanderschuhen testest, versteht sich von selbst, oder?

34 Gamaschen
Der Beine hübsche Kleider

Vor allem zu Beginn der Wandersaison und zum Ende hin, wenn Schnee noch zum normalen Anblick in den höheren Lagen Deiner Strecke gehört, sollten sie auf jeden Fall dabei sein. Gamaschen sind quasi wasserdichte Kleider für die Unterschenkel. Es gibt sie in knöchel- oder kniehoch. Sie sitzen eng am Bein, werden meist mit einem Reißverschluss geschlossen, mit einem Metallhaken am Schuh fixiert und sorgen dafür, dass Dir kein Schnee in die Schuhe rutscht, was wiederum nasse Socken und damit Bla-

senbildung oder gar Erfrierungen verhindert. Einfache Ausführungen gibt es für ca. 20 Euro, hochwertige Gamaschen, die auch zum Bergsteigen geeignet sind, können durchaus 70 Euro kosten. Einige Alpenvereinssektionen bieten Gamaschen (und auch anderes Zubehör, etwa GPS-Geräte, Kompass oder Stöcke) zum Verleih an. Dieser Service gilt oft auch für Nicht-Mitglieder, kostet dann allerdings etwas mehr. Bevor Du Dir also sämtliche Ausrüstung selbst zulegst – und sie womöglich nur auf der einen Tour nutzt – prüfe, was Du Dir leihen könntest. Wenn Du mit einer Bergschule unterwegs sein wirst, lohnt es sich auch, dort zu fragen.

Sie halten Schnee und Regen aus den Schuhen, schützen die Beine vor Gestrüpp: Gamaschen.

Regensachen

Trocken bleiben leicht gemacht

Auf der Seiser Alm ist Regen im Anmarsch. Glücklich ist, wer den passenden Schutz (auch für den Rucksack) dabeihat.

Ich erinnere mich noch an den vollkommen entsetzten Blick einer Bekannten, als ich vor vielen, vielen Jahren vom Kauf meiner ersten richtig guten Regenjacke berichtete … Noch heute höre ich ihr Kinn aufschlagen, als ich den Preis nannte. Nach wie vor braucht man sich nicht besonders anzustrengen, um im Ausrüstungsgeschäft 300 bis 500 Euro für eine Regenjacke auszugeben. Aber ist das notwendig? Tut es nicht auch das Modell für 50 Euro aus dem Discounter? Letztlich solltest Du Dich fragen, wo die Jacke zum Einsatz kommen soll. Und zwar auch perspektivisch in den nächsten Jahren. Für gelegentliche Spaziergänge mit dem Hund bei Regenwetter benötigst Du sicher keine 3-Lagen-Hardshell für mehrere Hundert Euro. Für eine mehrwöchige Tour mit Gepäck ist es aber die absolut beste Wahl. Außerdem sollte man den Aspekt der Langlebigkeit im Sinne eines nachhaltigen Lebensstils nicht aus den Augen verlieren. Und da sind Marken wie zum Beispiel Patagonia, die einen großartigen Reparaturservice bieten, mit recyceltem Material arbeiten und die Kunden explizit dazu

aufrufen, weniger zu kaufen und Kleidung länger zu tragen, oder VAUDE mit dem Green Shape-Label, das eine faire Produktion ausschließlich mit umweltschonenden Materialien garantiert, den Ramsch-Produkten vom Discounter um Längen voraus. Für solche Jacken musst Du allerdings ca. 300–400 Euro einplanen.

Lagebesprechung – eine Frage der Membran Die Preisunterschiede bei Regenjacken ergeben sich aus ihrer Machart. Die günstigeren Modelle sind fast alle mit einer Polyurethan-Beschichtung versehen, die aufgesprüht wird. Diese löst sich allerdings schnell bei Reibung (etwa durch den Rucksack oder an Felsen) und ist weniger atmungsaktiv. Wenn Du ein hochwertigeres Modell haben möchtest, greifst Du am besten zu einer Membranjacke. Diese sind abriebfester und eben atmungsaktiver. Hardshells gibt es in verschiedenen Varianten von 2- über 2,5- bis 3-lagig. Vereinfacht lässt sich sagen: Je mehr Lagen, umso robuster die Jacke. Du solltest beim Kauf auch unbedingt auf die Angaben zur Wasserfestigkeit achten. Als »dicht« gelten Textilien ab einer Wassersäule von 1500 Millimetern. Für eine Jacke, die einen schweren Rucksack schultern muss oder einen Hagelsturm überstehen soll, wäre das jedoch viel zu wenig. Dafür sollten es mindestens 20 000 Millimeter sein. Praktisch sind Jacken mit Unterarmbelüftung. Diese lassen sich bei schweißtreibenden Anstiegen mit einem Reißverschluss öffnen, ohne dass Du dafür die Jacke ausziehen musst. Du planst mit Deiner Jacke auch Kletter- oder Hochtouren zu gehen? Dann achte beim Kauf auf eine hohe Lage der Taschen, damit der Klettergurt darunter Platz hat und eine große Kapuze, unter die ein Helm passt. Ins Gepäck gehört auch eine leichte Regenhose. Die sollte auch eine Wassersäule von mindestens 15 000 Millimetern haben. Sie schützt Dich zudem bei Wind vor Auskühlung. Die Hosen müssen meiner Meinung nach – zumindest für Alpenüberquerungen – weniger robust und abriebfest sein, als die Jacken. Hier kannst Du dann also wieder einige Euro sparen, die Du vielleicht in eine richtig gute Regenjacke investiert hast.

Mit dem richtigen Material kannst Du auch bei Regenwetter trocken und warm wandern.

36 Isolierung
Manche mögen's heiß – von Daune & Co.

Beim steilen Aufstieg im August wirst Du sie wohl kaum brauchen, doch in den frühen Morgenstunden, am Abend vor der Hütte oder bei einem überraschenden Wintereinbruch, wird sie schnell zu Deinem liebsten Begleiter: eine wärmende Jacke. Dabei stellt sich die Frage, welche Isolationsfaser am besten funktioniert. Gewinner in Sachen Gewicht und Wärme ist ganz klar die Daune. Zwischen den feinen Daunen sammelt sich die Luft, die Deine Körperwärme effektiv am Körper hält. Falls Du Dir eine neue Daunenjacke zulegen möchtest, solltest Du auf das Mischverhältnis von Daune und Federn achten. Je höher der Daunenanteil, desto wärmer ist die Jacke. Richtig

gute Daunenjacken bringen es auf ein Mischverhältnis von 95 zu 5 Prozent. Ebenfalls gut ist ein hoher »Cuin«-Wert, der die Bauschkraft angibt. Dabei geht es darum, wie fix sich die Jacke nach einer Kompression wieder in den Ausgangszustand verwandelt. Alle Werte zwischen 650 und 800 Cuin sind optimal. Der eigentlich einzige Nachteil einer Daunenjacke: Sie mag keine Nässe. Denn dann bilden sich Klumpen und der Wärmeeffekt ist dahin. Bei Regen ist Daune also nur im Zwiebelprinzip unter einer Regenjacke anwendbar.

Die wärmende Alternative zu Daunenwesten oder -jacken sind Produkte aus Primaloft. Dieses Material aus Polyester gilt als »synthetische Daune«, weil es mit seinen extrem feinen Fasern ebenso gut Wärme speichert. Der größte Vorteil von Primaloft: Auch bei Regen, hoher Luftfeuchtigkeit oder schweißtreibenden Aktivitäten wärmt die Kunstfaser gut, ist wasserabweisend und trocknet schnell.

Fleece-Pullover sind bei vielen Wanderern eine beliebte Isolationsschicht.

Eine dritte Möglichkeit sind Jacken aus Fleece. Das klingt für Outdoor-Neulinge erst mal am vertrautesten. Irgendwo in den Tiefen des Kleiderschranks hat nämlich fast jeder ein meist etwas angestaubtes Modell dieser Art hängen. Gern in Weinrot mit Rollkragen… Doch mit diesem Fleece-Dino haben neue Fleeceprodukte fast nichts mehr gemeinsam. Es gibt sie in allerlei Stärken, als wetterfeste Varianten, die auch als Außenjacke getragen werden können oder aus luftigem Teddyfleece. Was gleich geblieben ist: Innen ist Fleece weich und kuschlig, atmungsaktiv, trocknet fix und isoliert bei relativ geringem Gewicht gut. Vor allem durch die Atmungsaktivität und den Feuchtigkeitstransport verweist eine gute Fleecjacke Daune und Primaloft durchaus auf die Plätze. Klassischerweise besteht Fleece aus Polyester. Für Wanderer sind vor allem die Stretch-Fleecejacken interessant, da sie durch den Elasthananteil jede Bewegung mitmachen und auch bei schweißtreibenden Aktivitäten für ein gutes Klima unter der Jacke sorgen.

37 Unterwäsche
Funktion schlägt Design

Ja, es gibt schöne Dessous von Victoria Secret und knackige Slips von Boss. Beides ist auf einer Alpenüberquerung so semi gut aufgehoben. Denn hier geht's nicht um viel Spitze oder möglichst wenig Stoff, sondern um Funktionalität. Du wirst vermutlich schwitzen auf Deiner Transalp. Und zwar am ganzen Körper. Da freut sich Dein Hintern, wenn er nicht in einem engen Baumwollslip verschnürt ist, der die Feuchtigkeit nicht ableiten kann, oder der Stringtanga unangenehm scheuert. Auch bei der Unterwäsche haben Modelle mit Wollanteil auf einer solchen Unternehmung eindeutig die Nase vorn.

Funktionswäsche aus Merinowolle kratzt nicht, wärmt auch dann, wenn sie feucht ist und mieft nicht. Ist sie allerdings mal richtig nass, braucht sie ein Weilchen, um wieder zu trocknen. Bei sommerlichen Temperaturen sind daher Modelle aus Kunstfasern oftmals die bessere Wahl. Sie leiten den Schweiß ruckzuck weg vom Körper und trocknen sehr schnell. Die eierlegende Wollmilchsau ist natürlich Funktionswäsche, die beide Materialien kombiniert. Und keine Sorge, die praktischen Teile für untendrunter gibt's mittlerweile in wirklich coolen Schnitten und schönen Farben. Damit trauen sich auch Fashion-Freunde auf den Hütten blank zu ziehen. Wie auch bei den anderen Schichten der Kleidung hat auch und gerade bei der untersten Baumwolle nichts verloren.

Vor jeder Tour Material auf Löcher, Dichtigkeit etc. prüfen.

Nachtwäsche
Schöner schlafen

Der eine oder andere mag schmunzeln, für Wandernovizen ist es tatsächlich eine wichtige Frage: Was ziehe ich zum Schlafen an? Hier trennen sich – wie bei so manchem Thema – die Alpenüberquerer in die Puristen und jene, die sich ein wenig Luxus gönnen wollen – und diesen auch tragen können. Erstere verbringen die Nacht einfach in jenem Shirt, das sie auch abends auf der Hütte tragen. Gut, bei mehrwöchigen Touren dürfen vielleicht auch zwei Shirts diesen Job übernehmen. Dazu die lange Unterhose, die eh im Gepäck ist, fertig. Die anderen packen extra einen Schlafanzug oder ein Nachthemd ein. Dabei ist zu sagen: Mit hauchdünnen Negligés ist man auf Hütten immer falsch angezogen.

Zwar variiert die Temperatur in Matratzenlagern und Zimmern von Hütte zu Hütte oft stark, meist sollte man sich jedoch besser etwas wärmer anziehen und im Zweifelsfall die Decke zur Seite schieben, statt in

Hotpants darunter zu frieren. Ja, auf freundliche Nachfrage bekommen verfrorene Schläfer bei den meisten Hüttenwirten durchaus auch noch eine zweite Decke, aber besser, man rüstet sich selber für kalte Bergnächte. Vor allem, wenn man den Premiumplatz am offenen Fenster – und damit an der frischen Luft – ergattert, freut man sich über kuschelige Kleidung. Immer öfter sieht man auch Einteiler auf Hütten. In diesen Overalls kann man abends gemütlich beieinandersitzen und dann direkt damit ins Bettchen krabbeln. Diese Teile sind allerdings optisch nicht jedermanns/-fraus Sache (vor allem dann nicht, wenn sie eine Nummer zu klein gekauft wurden…). Praktisch sind sie aber allemal.

39 Erste-Hilfe-Set
Gut verarztet ist halb überlebt

Ein kurzer unaufmerksamer Moment, eine falsche Bewegung und schon ist es passiert: der Fuß umgeknickt, der Arm aufgeschrammt, das Messer in die Hand gefahren. Für all diese Fälle solltest Du ein Erste-Hilfe-Set im Rucksack haben. Diese gibt es – abgestimmt auf die Bedürfnisse von Wanderern – in allen Ausrüstungsgeschäften oder im Internet zu kaufen.

Grundausstattung
1 Verbandspäckchen
2 Kompressen
2 Heftpflasterstreifen
1 Wundauflage
1 Tape-Rolle
3 Klammer-Pflasterstreifen
1 elastische, selbst haftende
    Pflasterbinde
Desinfektionsspray
Schmerztabletten
Arnika-Wundtuch
Pflaster
Dreieckstuch
Alu-Rettungsdecke
Einmalhandschuhe
Blasenpflaster

Zumindest die Grundausstattung
und persönliche Medikamente
sollte jeder dabei haben.

Auch wenn Du jetzt denkst »Brauche ich nicht, wiegt zu viel«, zumindest das kleinste Set ist Pflichtprogramm! Denn je nach gewählter Route wirst Du Dich durchaus in Gebieten bewegen, in denen Du nicht auf die Hilfe anderer Wanderer zählen kannst, gerade keinen Handyempfang hast oder die Wetterverhältnisse keinen Rettungseinsatz erlauben. Außerdem kommt das Erste-Hilfe-Set ja nicht nur bei schlimmen Unfällen zum Einsatz, sondern auch bei oben genannten kleineren Blessuren.

40 Wanderstöcke
Nicht nur für Senioren

Vorbei die Zeiten, als nur alte Männer in Kniebundhosen mit knorrigen Wanderstöcken durchs Gebirge stiefelten. Mittlerweile gehören Stöcke – zumindest auf jeder Langstrecken-Wanderung – unbedingt dazu. Die Vorteile liegen auf der Hand: Beim Aufstieg ermöglichen sie einen aufrechteren Gang, vor allem mit schwerem Rucksack. Beim Bergabgehen, wenn wir unser Gewicht über die Stöcke lehnen, sparen wir viel Kraft und können unseren Knien bis zu 20 Prozent der Last abnehmen. Wer in einen guten Stock investiert, darf zudem mit weiteren Ausstattungsdetails rechnen, die das Wandererleben versüßen. Dazu gehören zum Beispiel Stoßdämpfer, die Schultern und Handgelenke entlasten. Oder verschiedene Aufsätze für die Spitzen. Wer aufs Gewicht schaut, sollte zu einem Carbon-Stock greifen. Die sind zwar teurer, wiegen aber fast nichts. Der Stock sollte so zusammenklappbar sein, dass Du ihn bequem am Rucksack befestigen kannst.

Stöcke entlasten die Knie und geben Stabilität.

Je rauer das Geh-Gelände, umso sinnvoller ist der Einsatz von Stöcken. Auf rutschigen oder tiefen Böden, aber auch im Geröll und auf Schneefeldern geben Dir gute Trekkingstöcke deutlich mehr Stabilität und Trittsicherheit. Hast Du seilversicherte Passagen vor Dir oder leichte Kletterei, haben die Stöcke Pause. Für ein Stück von wenigen Schritten, nimm sie beide in die näher am Hang befindliche Hand. Der Hintergrund dabei: Falls Du ins Strauchelen kommst oder gar stürzt, fällst Du nicht noch über Deine Stöcke. Musst Du längere Passagen im Klettergelände überwinden, such Dir vorher einen sicheren (!) Standplatz und verstaue Deine Stöcke im Rucksack, damit Du beide Hände frei hast und sie Dich nicht behindern.

Die richtige Einstellung Ob mit Drehverschluss, zum Klemmen oder zum Klappen – alle Modelle lassen sich individuell auf Deine Größe und passend zum Gelände einstellen. Der Stock hat die richtige Länge, wenn Du ihn aufrecht vor Dir aufstellst, am Griff nimmst und die Ellenbogen sich dann in einem 90-Grad-Winkel befinden. Für Abstiege stellst Du die Stöcke ca. 10 Zentimeter länger, für Aufstiege entsprechend kürzer, bzw. greifst sie einfach dann weiter unten. Viele Exemplare haben genau dafür einen extra langen, gepolsterten Griff.

Der richtige Einsatz Schlurf, schlurf, schlurf. Wenn ich dieses Geräusch höre, muss meine innere Stimme beruhigende Mantras aufsagen, damit ich nicht explodiere… Darum bitte, bitte, bitte Stöcke niemals hinter Dir herziehen. Nicht auf Asphalt, nicht auf Forstwegen, nicht im Gelände. Beim Bergablaufen stellst Du die Stöcke parallel vor Dir auf, beugst Dich leicht darüber (nicht zu weit) und verlagerst das Gewicht auf die Stöcke. Bergauf oder in der Ebene setzt Du Füße und Arme gegengleich ein. Wenn man noch nie mit Stöcken gewandert ist, fühlt sich das anfangs seltsam an, aber Du wirst sehen, dass Du Dich schnell an Deine Begleiter gewöhnst und sie nicht mehr missen möchtest. Dennoch gilt: Immer mal wieder auch ohne Trekkingstöcke in jedem Gelände wandern. Das schult die Trittsicherheit und Schwindelfreiheit. Einige Anbieter liefern gleich verschiedene Aufsätze für ihre Stöcke mit, die Du dann auch nutzen solltest. Schonkappen, die auf Asphalt zum Einsatz kommen und das nervige Klappern verhindern. Oder sogenannte Schneeteller, die ein zu tiefes Einsinken des Stocks im Schnee verhindern (dafür aber gern mal unter Latschen hängen bleiben).

41 Ohropax
Der Wert der Stille

Während es draußen himmlisch ruhig ist, kann es im Matratzenlager auf den Hütten nachts höllisch laut werden.

Nächte auf Hütten kann man nur selten als Wellness-Programm bezeichnen. Das liegt zumeist daran, dass es eigentlich immer mindestens einen Mitwanderer gibt, der bis zum Morgengrauen einen halben Regenwald mit seinem Schnarchen absägt. Während man den Partner daheim mit einem beherzten Rippenstoß zum Umdrehen oder Aufwachen zwingen kann, müssen wir das Geschnarche im Lager aushalten. Mit Ohropax kannst Du es zumindest aussperren und auf ein erträgliches Maß reduzieren. Auch die Geräusche von nächtlichen Toilettengängern oder Frühstartern kannst Du so minimieren. Die Ohrstöpsel gibt's aus Wachs oder Gummi. Die Ersten lassen sich flexibler an die Ohrmuschel anpassen, die Zweiten halten zumeist länger.

Kabelbinder und Tape
Unscheinbare Alleskönner

Einer meiner Ausbilder, seines Zeichens erfahrener Bergführer und Heeresbergführer, hat mich mit seiner Liebe zu diesen Dingern angesteckt. Seither gehe ich auf keine Tour ohne eine Hand voll Kabelbindern in meinem Rucksack. Du kannst sie wirklich für fast alles einsetzen. Sie halten Sohlen an Schuhen, die sonst abfallen wollen. Sie flicken kaputte Rücksäcke, ersetzen defekte Schnallen oder halten Trinkflaschen an Ort und Stelle. Sie sind super leicht, lassen sich in jedem noch so winzigen Platz im Rucksack verstauen, sind in jedem Baumarkt erhältlich und kosten nicht viel.

Ein ähnliches Alleskönnertalent ist Tape. Dieses Klebeband gibt es in allen möglichen Breiten und Farben. Für eine Alpenüberquerung bietet sich ein etwas breiteres Tape an, das Du bei Bedarf in der Mitte halbieren kannst. Mit einem guten Tape kannst Du Stellen an Deinen Füßen abkleben, die zu Blasen neigen. Du kannst Verbände damit schließen oder Pflastern zusätzlichen Halt verleihen. Du kannst es aber auch einsetzen, um Löcher in Rucksäcken zu flicken, Sohlen an Ort und Stelle zu halten (wobei dafür wirklich die Kabelbinder geeignet sind) oder zerbrochene Wanderstöcke zu flicken. Kurzum: Eine Rolle Tape gehört auf jeden Fall in Deinen Rucksack.

Sie halten Sohlen an Schuhen und flicken defekte Rucksäcke: Kabelbinder.

43 Tagebuch
Erinnerungen festhalten

Für die einen überflüssiges Gewicht, für die anderen ein wichtiger Begleiter. Ob ein Tagebuch bei einer Alpenüberquerung im Gepäck sein muss, oder nicht, ist sicherlich Geschmackssache. Der eine oder andere tippt auch einfach einige Stichpunkte in sein Handy-Notizbuch. Ich persönlich finde es während der Tour unglaublich interessant, meine eigenen Eindrücke des Tages zu sammeln, zu sortieren und beim Schreiben zu merken, was mich auf der jeweiligen Etappe besonders bewegt hat. Auf meinen privaten Touren habe ich immer ein kleines Notizbuch dabei, in dem ich Begegnungen mit Mensch und Natur festhalte, mir Details zum Weg aufschreibe oder nützliche Telefonnummern, etwa von Gasthöfen, Shuttle-Bussen o. Ä. Es ist ein schönes Ritual geworden, jeden Abend in der warmen Hüttenstube – oder eben dann, wenn ich Lust dazu habe – das Büchlein herauszuholen, mich zurückzuziehen und einige Zeilen zu schreiben. Viele Fernwanderer sammeln in ihren Tagebüchern auch die Stempel der Hütten und Herber-

Solche Momente werden zu Erinnerungen.

gen, in denen sie nächtigen. Diese Stempel
liegen zumeist beim Hüttenbuch aus, in
das Du Dich natürlich immer eintragen
solltest. Auf einer Tour in Südtirol habe ich
mal einen Wanderer aus Leipzig getroffen,
der das wunderschönste Wander-Tage-

buch führte, dass ich je gesehen habe. Es war voller Skizzen von Routen und
Pflanzen, die Seiten waren eng beschrieben. Was für ein Schatz voller Erinnerungen!

Schriftliches Gedächtnis Denn das ist eigentlich das Schönste an den Tagebüchern: Wenn Du wieder zu Hause bist, der Alltag sich eingeschlichen
hat, der Job stressig ist, die freie Zeit zu knapp und das Abenteuer Alpenüberquerung in die Ferne rückt, kannst Du Dein Tagebuch hervorzaubern
und zurückreisen in diese Zeit der Freiheit und Unbeschwertheit.
Du wirst den Kopf schütteln oder lachen über Deine Fehler, wirst Dich
voller Freude an den lustigen Abend mit den anderen Weitwanderern auf
der Hütte erinnern, den Klang der Gitarre wieder in den Ohren haben
und dieses prächtige Gefühl von »Alles darf, nichts muss« spüren. Und
dafür lohnt es sich doch allemal, einige zusätzliche Gramm Papier mitzu-
schleppen, oder?

44 Isomatte
Wer braucht da noch eine Matratze?

Eine Alpenüberquerung mit dem Zelt zu bestreiten ist grundsätzlich schwierig. Die meisten Gebiete, durch die Du kommst, stehen unter besonderem Schutz und das Zelten ist verboten. Daran solltest Du Dich zwingend halten. Aus Respekt, aber auch, weil es sonst richtig teuer werden kann, wenn Du erwischt wirst. Falls Du aber eine Route findest, auf der Du legal im Zelt übernachten kannst, wird sich bald die Frage stellen: Worauf bette ich mich in der Nacht? Den größten Wärmeverlust haben Draußenschläfer über den Boden. Davor schützen Isomatten. Auch piksende Steine oder Wurzeln sollen sie von Deinem Rücken fernhalten. Mit den sperrigen Modellen von früher haben die heutigen Hightech-Matten nur noch wenig gemeinsam. Zum Standard gehört mittlerweile, dass sich die Matte selbst aufbläst. Sie wiegt zudem wenig und lässt sich gut verstauen. Wer schnell friert, ist mit einer Daunen-Isomatte bestens versorgt. Sie isoliert besonders gut und ist super bequem. Für alle Grammzähler gibt es Modelle, die weniger als 400 Gramm auf die Waage bringen. Das geht natürlich zu Lasten der Isolierung und des Komforts.

Eine gute Isomatte muss auf Zelttouren dabei sein.

Steigeisen und Grödel

Griffige Partner im Eis

Verlässlicher Partner im Eis: Steigeisen

Vor allem nach schneereichen Wintern oder Jahren, in denen noch spät im Jahr viel Schnee fällt, taucht in sämtlichen Online-Foren für Transalp-Aspiranten schnell die Frage auf, ob Grödel oder Steigeisen mit auf die Packliste gehören. Manchmal liest man dort abenteuerliche Antworten, oft werden die beiden Begriffe synonym verwendet. Darum hier noch mal eine ganz klare Erklärung:

Grödel verfügen in der Regel nur über vier, maximal sechs Zacken. Sie werden mittig unter dem Fuß angebracht und besitzen keine Frontzacken. Sie sind recht leicht und einfach anzulegen (unbedingt fest genug anziehen, damit sie sich nicht im Hang lösen). Modelle mit Stahlzacken sind zwar etwas schwerer, halten dafür aber länger und verzeihen auch kurzen (!) Felskontakt. Bei längeren Passagen auf Fels oder Stein, solltest Du sie aber gleich auszuziehen, sonst werden sie stumpf. Grödel passen unter jeden normalen Wanderschuh mit fester Sohle (nicht auf Running-Schuhe! Fürs Laufen werden Spikes verwendet), die nicht steigeisenfest sein müssen. Sie sind ideal für Wanderungen im flachen bis mäßig steilen Gelände geeignet, wenn Du zum Beispiel ein kurzes Schneefeld queren musst. Auch auf kurzen Stücken auf sehr flachen Gletschern sind sie überaus praktisch. Im Zweifelsfall lohnt es sich, sie einfach im Rucksack mitzunehmen, denn sie erhöhen die Trittsicherheit im Schnee deutlich. Wenn das Gelände jedoch steiler und alpiner wird, stoßen Grödel schnell an ihre Grenzen. Da sie eh nur wenige Zacken haben und ihnen die Frontzacken ganz fehlen, haben sie in der Vertikalen keinen Halt. Spätestens, wenn Du Deinen Fuß nicht mehr komplett aufsetzen kannst, ist es Zeit für Steigeisen.

Steigeisen haben deutlich mehr Zacken (auch an der Front) und einen sehr stabilen Sitz. Allerdings musst Du dafür auch die passenden Schuhe an den Füßen haben, nämlich Stiefel, die mindestens bedingt steigeisenfest sind. Ganz sicher gehst Du mit Schuhen der Kategorie C. Allerdings sind die für »normale« Alpenüberquerungen schon ziemlich hart. Auch bei den Steigeisen gibt es verschiedene Modelle. Für den Zweck einer Alpenüberquerung (ggf. mit Gipfelbesteigungen) sollten Leichtsteigeisen ausreichen.

So lange die Schneebedingungen es zulassen, solltest Du generell ohne Grödel und Steigeisen unterwegs sein. Denn das Gehen mit den Eisen will geübt sein und kostet zudem mehr Kraft. Außerdem macht der Einsatz von Steigeisen erst dann Sinn, wenn die Schneeoberfläche eine gewisse Härte erreicht. Vorher stollt der Schnee zu stark unter den Sohlen auf, und die Trittsicherheit lässt eher nach.

Handtücher

Besser trocken als weich

Nichts wie rein! Und sich danach ins saugstarke Handtuch wickeln.

Herrlich, raus aus der heißen Dusche, rein in das flauschige Handtuch im XXL-Format. Oh, Entschuldigung, falscher Film. Als Alpenüberquerer wirst Du eher mit lauwarmen Duschen oder Waschbecken-Katzenwäsche konfrontiert sein. Und Dein Handtuch? Das suchst Du sinnvollerweise danach aus, wie fix es wieder trocken ist, wie leicht es ist und wie klein. XXL und Flausch fallen da schnell raus. Die beste Wahl sind Mikrofaser-Handtücher. Für eine Wochentour reicht meiner Meinung nach ein kleines Exemplar. Es gibt sie aber in allen erdenklichen Größen und Farben. Alle können ein Vielfaches ihres Eigengewichts an Feuchtigkeit aufnehmen, lassen sich dann auswringen und trocknen verhältnismäßig schnell. Zudem kannst Du die Leichtgewichte in jeder noch so kleinen Nische im Rucksack verstauen.

47 Kocher
Auf dem Weg zum Outdoor-Dinner

Wie schon erwähnt bin ich in den Alpen durchaus Fan davon, den logistischen Aufwand, den Wirte betreiben, mit einem Essen auf ihrer Hütte zu würdigen. Wenn Du aber die Alpen ganz oder zum Teil ohne Hüttenübernachtungen überwinden willst, kommst Du an einem guten Kocher nicht vorbei. Denn er ist es, der Dir einen ersten heißen Kaffee am Morgen oder eine Portion dampfende Ravioli am Abend ermöglicht.

Moderne Campingkocher sind vom Gewicht und Format her meist so kompakt, dass sie tatsächlich auch gut in einen Rucksack passen. Als Brennstoff haben sich auf Trekkingtouren Gaskocher bewährt. Das Gas kannst Du in Kartuschen verschiedener Größen mitnehmen. Sie sind sparsam und einfach in der Handhabung. Bist Du bei stürmischen Verhältnissen unterwegs, kann ein Sturmkocher gute Dienste leisten. Für leichten Wind reichen Windschutzelemente aus Aluminium vollkommen aus. Sie reflektieren zudem die Hitze und verkürzen die Garzeit und somit auch den Brennstoffverbrauch etwas. An ihre Grenze stoßen Gaskocher bei kalten Temperaturen von weniger als –15 Grad. Abhilfe können – bis zu einem bestimmten Bereich – spezielle Wintergase schaffen. Aber als normaler Transalpler wirst Du mit diesen Temperaturen wohl nicht in Berührung kommen.

Wenn Du mit Zelt und Kocher unterwegs bist, wirst Du auch das passende Geschirr brauchen. Ohne da an dieser Stelle zu sehr in die Tiefe zu gehen: Bewährt haben sich Töpfe, Tassen und Co. aus Aluminium. Es ist sehr leicht, preiswert und hat eine hohe Wärmeleitfähigkeit.

Gaskocher sind zuverlässige und leichte Begleiter.

Seil

Gefährte für Extra-Schmankerl

Wer während der Transalp eine Hochtour machen will, wie hier auf den Großglockner, muss das Material mitnehmen oder vor Ort leihen.

Für die gängigen Alpenüberquerungen, die während der Sommersaison gelaufen werden, benötigst Du kein Seil. Willst Du allerdings noch zusätzliche Gipfel ansteuern, etwa den Similaun auf dem Weg nach Meran oder den Großglockner bei der Berchtesgaden–Lienz-Tour, sieht die Sache anders aus. Dies sind Hochtouren, für die Du – neben der notwendigen Erfahrung – die komplette Gletscherausrüstung mit Seil, Steigeisen, Helm und Pickel benötigst. Auch Kletterfelsen, wie die Dolomitengipfel auf der Tour von Wien zum Lago Maggiore können nur mit entsprechender Zusatzausrüstung begangen werden. Aber für ein kurzes Gipfelglück über Wochen das gesamte Material ungenutzt im Rucksack mitschleppen? Das ist für die meisten Alpenüberquerer keine Alternative. Doch manchmal lässt sich das Problem lösen. Auf einigen Hütten kann man sich Material vor Ort leihen. Alternativ bieten manchmal Bergschulen den Gipfel als Zusatzschmankerl der eigentlichen Alpenüberquerung an. Dies kann ein wunderbarer, weiterer Höhepunkt Deiner Transalp werden.

49 Föhn
Von Schönheit und Luftströmen

Bevor ich mit meinen Gästen zur Alpenüberquerung starte, hebe ich jeden Rucksack kurz an, um zu prüfen, ob er nicht zu schwer ist. Schließlich sollte er nicht mehr als acht Kilo für die Tour Oberstdorf–Meran haben. Vor einigen Jahren geschah es, dass ich den Rucksack eines Gastes kaum hochheben konnte. »Liebe Güte, was hast Du denn da alles drin?« – »Das brauche ich wirklich alles, ehrlich«, versicherte der Gast. »Darf ich mal reinschauen?«, erwiderte ich. Zum Vorschein kamen Jeans, dicke Pullover, für jeden Tag mehrere T-Shirts und – ein Föhn. Ich staunte nicht schlecht, hatte der männliche Gast doch kaum noch Haare auf dem Kopf. Mit dem Hinweis darauf, dass auf den Hütten kein Strom für Föhn-Sessions vorhanden sei, sortierte ich das gute Stück aus. Er würde ihn in Meran wieder in Empfang nehmen können. Gleiches gilt übrigens für Make-up, Lidschatten und Co. In den Bergen darfst Du ganz ungeniert ungeschminkt und

unfrisiert rumlaufen. Das interessiert hier niemanden. Zudem wird sich Deine Haut über die Schminkpause freuen.

Wenn Bergmenschen das Stichwort »Föhn« hören, meinen sie aber etwas ganz anderes, nämlich ein typisches Phänomen von Gebirgen. Föhn bringt auf der Alpennordseite meist warmes, schönes Wetter. Nordföhn dagegen, der auf der Alpensüdseite klare Luft bedingt, ist dagegen oft kühl. Typisch für eine Föhnlage sind Linsen- und Fischchenwolken am Himmel. Die Wolkendecke wird dicht, wenn der Föhn zusammenbricht. Aber wie entsteht Föhn überhaupt? Wenn Luftmassen auf ein Hindernis, in diesem Fall die Alpen, treffen, müssen sie aufsteigen. Dabei kühlen sie ab, was weit oben bei starker Abkühlung zu Niederschlägen führt. Wenn die Luft nun auf der Leeseite (also der windabgewandten Seite) des Gebirges wieder hinuntersinkt, erwärmt sie sich. Und weil sie nun trockener ist als beim Aufstieg auf der Luvseite, ist die Erwärmung stärker. Das führt dazu, dass es zum Beispiel auf 2000 Metern auf der Leeseite deutlich wärmer ist als auf derselben Höhe auf der Luvseite.

Föhn-Phänomen: Bei der Wetterlage scheinen die Berge zum Greifen nah.

50 Stirnlampe
Mir geht ein Licht auf!

Eine von ihnen sollte auf jeder Bergtour im Rucksack sein. Die praktischen Mini-Lampen sorgen für Durchblick, falls Du doch mal ungeplant in die Dunkelheit kommst oder schon vor Sonnenaufgang aufbrechen möchtest. Zudem kann man mit ihnen das alpine Notsignal geben. Auf den Hütten ermöglichen sie Dir nächtliche Toilettengänge ohne angestoßene Zehen oder unauffälliges Lesevergnügen, wenn alle anderen im Matratzenlager bereits schlafen. Doch welches der vielen angebotenen Modelle ist das passende für eine Alpenüberquerung? Wie so oft ist es eine Frage des persönlichen Geschmacks. Probiere aus, was für Dich bequemer ist: Eine leichte Stirnlampe mit nur einem Stirnband, bei der das Batteriefach in den Lampenkopf integriert ist? Oder trägt sich doch ein Modell mit zwei Bändern (eins wird um, das andere über den Kopf geführt) besser, bei dem der Akku am Hinterkopfband befestigt ist? Zwei Bänder erhöhen die Stabilität, was

vor allem bei bewegungsintensiveren Sportarten wie Trailrunning sinnvoll ist. Beim Kauf der Lampe solltest Du neben dem Tragekomfort noch auf die Lumenzahl, also die Helligkeit, und die Leuchtweite, sprich die Distanz, auf die das Gerät maximal leuchten kann, achten. Ich persönlich würde sagen, dass Stirnlampen mit einer Reichweite von 70 bis 80 Metern und einer Leuchtkraft von etwa 130 Lumen vollkommen ausreichen für Wanderungen. Was Deine Lampe auf jeden Fall leisten sollte, ist ein IP-Wert von mindestens 4. Dann hält sie auch mal einen ordentlichen Regenguss aus. Der Wert 1 steht für Schutz gegen Tropfwasser, mit einer 8er-Lampe kannst Du dauerhaft unter Wasser unterwegs sein, was Du zumindest auf Deiner Transalp hoffentlich nicht brauchen wirst.

Normale Taschenlampen sind für das Projekt Alpenüberquerung ungeeignet. Zum einen sind sie schwer, zum anderen benötigst Du immer eine freie Hand, um sie zu bedienen und zu halten.

Taschenmesser

Fröhliches Schnitzen

Es soll Männer geben, die ohne ein Messer in der Tasche nicht mal zu einem Tagesausflug an die Isar aufbrechen. Wie oft es dort zum Einsatz kommt, bleibt dahingestellt. Auf einer langen Transalp dagegen solltest Du eines – wenn auch keine Machete – dabeihaben. Besonders sinnvoll sind Multi-Tool-Messer, die also auch über so sinnvolle Zusätze wie Flaschenöffner, Korkenzieher, Schere, Zahnstocher, Pinzette, Schraubendreher und Dosenöffner verfügen. Damit kannst Du allerlei reparieren, das Etappenziel-Bierchen öffnen oder lästige Splitter rausziehen. Und mit den Klingen natürlich den Pausenapfel brüderlich teilen und abends auf der Hüttenterrasse schnitzen, was das Zeug hält.

Ein Licht im Sternenmeer: Die Stirnlampe ermöglicht Dir auch nachts unvergessliche Outdoor-Erlebnisse.

52 Insektenschutz
Das große Summen

Die höchsten Schlafplätze auf den gängigen Alpenüberquerungsrouten liegen alle bei knapp 3000 Metern. Dort oben wirst Du sicher Deine Ruhe haben vor lästigen Mücken, die Dir im Schlaf den Verstand rauben, Dich wild umherwedeln lassen, bevor Du entnervt das Licht anmachst und auf die Suche nach dem kleinen Schlafräuber gehst. Nun enden viele Überquerungen aber nicht am Fuß des letzten Berges, sondern führen Dich noch weiter – etwa an den Gardasee oder ans Meer. Sprich – dorthin, wo die Luft feuchter und wärmer ist. Was nach Tagen oder Wochen im Gebirge *dolce vita* und Entspannung verspricht, ruft aber die Plagegeister auf den Plan. Darum gilt: Wenn Du Dich vor Stichen schützen willst, trage lange Klei-

dung, die Du am besten vorher mit Insektenspray (zuverlässig hilft etwa Nobite) imprägnierst. Zudem schützt Dich helle Kleidung besser vor den Viechern als dunkle. Wenn Du draußen übernachten willst, halte Dich von stehenden Gewässern fern, dort tummeln sich Mücken nämlich besonders gern. Wenn möglich, halte Dich nicht mehr am frühen Abend und in der Nacht draußen auf, das ist die Haupteinsatzzeit der Mücken. Nichts geholfen und doch gestochen worden? Dann hilft Spitzwegerich als bewährtes Hausmittel. Einfach die Blätter zerreiben und auf den Stich legen. Funktioniert auch bei Bienen- oder Wespenstichen.

Ein anderer Plagegeist, der für Wanderer richtig ungemütlich werden kann, ist die Zecke. Im Gras, Gebüsch und Unterholz tummeln sie sich besonders gern. Also Gebiete, die auch wir als Alpenüberquerer betreten. Gegen Zecken impfen lassen, kann man sich leider nicht. Nur gegen die von Zecken übertragene Erkrankung FSME (Frühsommer-Meningoenzephalitis) ist eine Impfung möglich. Gegen die Lyme-Borreliose, eine chronische

Erkrankung, die Muskeln, Gelenke, Nerven und Haut angreifen kann, gibt es noch keinen wirksamen Impfstoff. Auch wenn nur ein kleiner Teil der Zecken überhaupt den Erreger enthält, solltest Du Dich so gut wie möglich vor einem Biss schützen, etwa durch lange Kleidung oder ein Spray. Wenn Du im Zeckengebiet unterwegs bist, kontrolliere jeden Abend Kniekehlen und Leisten und schaue auch zwischen den Zehen nach. Auch hinter den Ohren setzen sich die Biester gern fest. Wenn Dich doch eine erwischt hat, solltest Du ihr keinesfalls mit Öl und anderen Mitteln zu Leibe rücken. Zum Entfernen wird ausschließlich eine Zeckenzange benutzt. Wichtig ist, dass die Zecke möglichst schnell entfernt wird. Denn bis die Zecke beginnt, Blut zu saugen und die Borrelien die Chance haben, von ihrem Darm mit dem Speichel auf den Gebissenen übertragen zu werden, vergehen mehrere Stunden. Beobachte die Bissstelle in den nächsten Tagen und Wochen genau. Bildet sich ein roter Ring um die Stelle, liegt eine Infektion vor. Diese sollte schnellstmöglich vom Arzt untersucht und mit Antibiotika behandelt werden.

Je weiter südlich Du wanderst, umso mehr wird Insektenschutz zum Thema.

53 Sonnenschutz
Sicher durch die Hitze

Zwar freuen wir uns sehr über sonnige Bergtage, aber Hand aufs Herz – wie oft war Deine Haut am Abend gerötet? Wir vergessen manchmal schlicht, dass die Filterung der Sonnenstrahlen immer weniger wird, je höher wir steigen. Fels und Schnee reflektieren zusätzlich, und so funkt unser größtes

Organ, die Haut, schneller als im Tal SOS. Schutz braucht Dein Körper an vielerlei Stellen. Die Augen werden durch eine gute Sonnenbrille geschützt, die Haut durch Sonnencreme (Schutzfaktor 50 ist im Hochgebirge nicht übertrieben, sondern sinnvoll), der Kopf durch einen Hut (mit Band, damit er nicht beim ersten Windstoß ins Tal segelt) oder ein Tuch (praktisch sind Schlauchschals, die auch als Halstücher taugen).

Vor allem einer guten Sonnenbrille solltest Du ausreichend Beachtung schenken. Selbst wenn Du zu Hause den ganzen Sommer ohne unterwegs bist. Denn die Strahlung in den Bergen ist besonders hoch, und sie kann

nicht nur die Haut schädigen, sondern auch zu bleibenden Schäden der Augen führen. Besonders schnell geht das bei Schnee und Eis. Schnee etwa reflektiert bis zu 80 Prozent der schädlichen UV-Strahlung. Eine Brille mit recht dunklen Gläsern ist besonders gut für Einsätze im Gebirge geeignet. Sie sollte mindestens die CE-Norm III erfüllen. Praktisch sind selbst tönende Brillen, die sich den Lichtverhältnissen von selbst anpassen. Die filigrane Fliegerbrille hat am Berg nichts zu suchen. Was Du hier brauchst, ist eine robuste, flexible und leichte Sportbrille, die rutschfest ist und gut belüftet ist, damit die Gläser nicht beschlagen, sobald Du den ersten Berg hinaufwanderst. Du weißt bereits, dass Du oft in Schnee und Eis unterwegs sein wirst? Dann ist eine Gletscherbrille (Kategorie IV) die richtige Wahl. Sie schützt das Auge auch seitlich vor Sonneneinstrahlung und verfügt oft sogar über einen Nasenschutz.

Eine gute Sonnenbrille und Creme mit Schutzfaktor 30+ sind Pflicht.

54 Hüttenschlafsack
Schlummer-Hülle für die Nacht

Er ist Pflicht auf allen Alpenvereinshütten. Nach kurzem Nachdenken erschließt sich auch schnell das Warum. Denn wie soll auf 2000 Metern Höhe jeden Tag die Bettwäsche von 150 Lagern gewechselt, gewaschen, getrocknet und wieder aufgezogen werden? Eben! Geht nicht. Darum bieten die meisten Hütten in Zimmern und Lagern Wolldecken und ein kleines Kissen an. Eingekuschelt in den eigenen Hüttenschlafsack kann man darin nächtigen. Hüttenschlafsäcke gibt es aus Baumwolle oder Seide. Letztere sind leichter, sorgen für ein besseres Schlafklima, sind allerdings auch deutlich teurer (ca. 70 Euro) als die Baumwoll-Variante (ca. 10 Euro). Wem erst auf der Hütte auffällt, dass er den Schlafsack vergessen hat, der kann einfache Ausführungen auf den meisten Alpenvereinshütten kaufen. Einen normalen Schlafsack mitzunehmen, macht keinen Sinn. Der ist nicht nur zu schwer und nimmt im Rucksack zu viel Platz weg, er wird Dir auf den meisten Hütten auch deutlich zu warm sein. Falls Du Übernachtungen im Freien oder in ungeheizten Selbstversorgerhütten planst, sieht die Sache natürlich schon wieder anders aus. Informiere Dich vorher ausführlich über die zu erwartenden Temperaturen und wähle dann ein passendes Schlafsackmodell aus. Dabei solltest Du nie auf den angegebenen Extrembereich achten, sondern auf den Komfortbereich. Der gibt die Temperatur an, bei der die Norm-Frau (wer immer das ist…) noch nicht friert und entspannt in dem Schlafsack nächtigen kann.

Schlafsack, Schuhe, Schmutz:
Auch auf Berghütten gibt's einen Codex.

100

Hüttenschuhe

Heimat für die Füße

Wenn Du es Dir nicht direkt mit den Hüttenwirten verderben willst, solltest Du auf keinen Fall mit Deinen Bergstiefeln die Schlafräume betreten, auf manchen Hütten sind die Dreckpuschen auch in der Stube ungern gesehen. Darum gehört irgendeine Form von Hüttenschuhen in Dein Gepäck. Die einen wählen einfach dicke Stricksocken, die nächsten das »Old school«-Modell aus Filz, ganz Verfrorene setzen auf die leichte und warme Daunen-Variante. Auf den meisten Hütten gibt's zwar auch Leihschuhe, aber das sind zumeist Gummischuhe. Geschmackssache, ob man das mag, oder nicht. Auf jeden Fall sollte Deine Wahl auf einen Schuh fallen, der sich gut im Rucksack verstauen lässt und nicht zu schwer ist.

56 Hütten

Mehr als ein Dach über dem Kopf

Wer einmal gebückt bei tosendem Gewitter mit murmelgroßen Hagelkörnern und Sturm durchs Gebirge gekrochen ist und dann die hell erleuchteten Fenster einer Hütte entdeckt hat, wird diesen Moment wohl niemals vergessen. Doch auch ohne solch Furcht einflößende Erlebnisse macht der Anblick des Etappenziels in Form einer bewirtschafteten Hütte nach einem anstrengenden Tag wohl jeden Wanderer von Herzen glücklich.

Die Geschichte der Hütten beginnt mit dem Alpinismus in den Bergen. Zu dieser Zeit wurden sie als Stützpunkte gebaut, um interessante Gipfel in der Nähe erreichen zu können. Es handelte sich dabei um einfache, zweckmäßige Gebäude. Das änderte sich, als es immer mehr Menschen in die Berge zog. Auch weniger Versierte wollten die Alpen erleben und auf der Hütte bleiben. Aber bitte mit etwas Komfort! Die erste Berliner Hütte, die 1879 im Zillertal errichtet wurde, musste fast jedes Jahr erweitert werden. Bald verfügte sie über einen Damensalon, Klos mit Wasserspülung, einen viereinhalb Meter hohen Speisesaal mit Kronleuchtern. Von spartanisch konnte man wirk-

Spektakulär schön liegt die Drei Zinnen Hütte in den Dolomiten.

lich nicht mehr sprechen. Das rief schon bald die Kritiker auf den Plan, die die Menschenschwärme fürchteten und Sorge hatten, dass die Alpen überrannt werden würden. Für leistungsorientierte Bergsteiger war die hochalpine Landschaft ein Raum, den sie durch den Zustrom von Menschen in Gefahr sahen. Der bis heute zu beobachtende Konflikt zwischen Bergsteigern und Touristen begann. Die Tölzer Richtlinien von 1923, die der DAV erließ, sollten nicht allzu versierte Berggeher durch weniger luxuriöse Hütten wieder zurück ins Tal drängen. Es sollte nur noch Matratzenlager geben, Federbetten wurden durch Decken ersetzt. Das Essen sollte einfach

sein, die Nachtruhe wurde auf 22 Uhr festgelegt, und Bergsteiger sollten gegenüber anderen Gästen bevorzugt werden. In den kommenden Jahrzehnten pendelte sich auch das wieder ein. Wer heute auf Alpenvereinshütten unterwegs ist, kann aber deutlich wahrnehmen, dass die Anforderungen an den Komfort wieder gestiegen sind. Es reicht nicht mehr ein Waschbecken, es muss eine Dusche sein, am besten mehrere, und zwar mit ausreichend warmem Wasser. Auch die Zeiten, in denen Hüttengäste mit einer Suppe zufrieden waren, sind vorbei. Eine gute Küche ist Pflicht, damit die Hütte überleben kann. Gerichte für Vegetarier und Veganer gelten fast als Standard. Und statt des großen Matratzenlagers werden immer öfter kleine Zimmer angefragt. Von den Anforderungen an Handyempfang und WLAN ganz zu schweigen. Mach Dir jedes Mal, bevor Du eine Hütte betrittst, bewusst, wo sie liegt. Frage Dich, wie sie wohl beliefert wird. Wie all die Dinge im Inneren hier hochgekommen sind und kommen. Und auch, wie sie wieder ins Tal gelangen. Wer sich all dieser Dinge bewusst ist, wird mit deutlich mehr Verständnis und Demut unterwegs sein. Was übrigens auch beim Wirt gut ankommt …!

Einige Zahlen rund um die Hütten **321** Hütten betreibt allein der DAV in den Alpen und Mittelgebirgen. Hinzu kommen **147** Hütten vom ÖAV und **18** Hütten vom AVS. Rund 20 000 Schlafplätze gibt es auf den DAV-Hütten. Die Investitionen, die Hauptverband und Sektionen pro Jahr in ihre Hütten stecken müssen, belaufen sich auf rund **13** Millionen Euro. Höchstens **8** Euro darf ein Wirt einer Alpenvereinshütte für ein Bergsteiger-Essen laut Tarifverordnung von Mitgliedern verlangen. **12** Euro pro Nacht, mehr darf ein Platz im Matratzenlager nicht kosten. Nur **10** Prozent der DAV-Hütten tragen sich selbst, beim Rest muss der Verein aushelfen, u. a. über einen Teil des Jahresbeitrags der Mitglieder. Bis zu **3** Euro darf ein Liter Teewasser kosten. Mehr als **1,2** Millionen Übernachtungen registrieren die Alpenvereine jedes Jahr auf ihren Hütten. Mit **304** Schlafplätzen ist die Rappenseehütte im Allgäu die größte DAV-Hütte. Die kleinste, die Rojacherhütte in den Hohen Tauern, bringt es gerade mal auf **9** Schlafplätze. Die älteste Hütte steht in den Kitzbühler Alpen, die **1832** erbaute Bochumer Hütte. Zwischen **5** und **15** Tonnen Lebensmittel werden pro Saison auf einer Hütte benötigt. Dazu kommen **1** bis **5** Tonnen Heizmaterial. Je nach Erreichbarkeit der Hütte kostet so allein der Warentransport etwa **10 000** bis **15 000** Euro.

Hüttenwirtinnen und Hüttenwirte

Tausendsassa in Wolkenhäusern

Sie oder er ist der Chef. Manchen sieht (oder hört) man das schon quer durch die Stube an, andere Exemplare sind erst auf den zweiten Blick als Boss zu erkennen. So oder so: Ein wenig Demut ist die beste Zutat für den Erstkontakt. Wobei die allermeisten Hüttenwirtinnen und -wirte schon schwer zufrieden sind, wenn der Gast bei Ankunft Schuhe und

Stöcke im Schuhraum verstaut und sich sogleich angemeldet hat. »Der Kunde ist König«, diese Dienstleistungsmentalität gilt auf Hütten eingeschränkt. »Der Wirt hat immer recht«, passt schon eher. Und tatsächlich sollte man sich an das halten, was die Wirte sagen. Vor allem in Bezug auf Wetterprognosen, Begehbarkeit der Wege und Verhalten in der Hütte.

Wie wird man eigentlich Hüttenwirt? Die Alpenvereine schreiben ihre Hütten zur Pacht aus. Die Anforderungen an den Mieter sind je nach Lage der Hütte unterschiedlich. Was immer gewünscht ist, sind Erfahrungen in der Gastronomie (für die in Bayern liegenden Hütten des DAV müssen Pachtinteressenten eine abgeschlossene Ausbildung im Gastrogewerbe bzw. einen Kurs in Gastwirtunterrichtung nachweisen, für die in Österreich liegenden Hütten des DAV benötigen alle Wirte sogar eine Gastgewerbeberechtigung). Dazu kommen ein ausgeprägtes technisches Verständnis sowie alpine Kenntnisse und eine Erste-Hilfe-Ausbildung. Vor allem auf Hütten im Hochgebirge sind die letzten beiden Punkte besonders wichtig. Auf jeden Fall sind Hüttenwirte Alleskönner. Sie müssen die Logistik per Materialbahn oder Hubschrauber organisieren, die Versorgungsanlagen ebenso bedienen können wie Blockheizkraftwerke und den Herd. Dann gilt es noch, sämtliche Fragen zu Wetter, Umgebung und Wegen zu beantworten, die neugierige Besucher stellen, ein gutes Essen zu kochen und zu servieren und die Zimmer und Lager in Ordnung zu halten. Von der romantischen

Vorstellung, die Wirte säßen stundenlang besinnlich schauend vor ihren Hütten, ist der Alltag hier oben weit entfernt. Vier bis fünf Monate gibt es – zumindest bei stark frequentierten Hütten, wie etwa am E5 – nur ein Wort: Vollgas. 18 Stunden pro Tag, sieben Tage die Woche. »Früher beschränkten sich die Stoßzeiten auf die Ferien«, erinnert sich Gabi Braxmair, Wirtin der Kemptner Hütte. »Ich erinnere mich, dass wir immer mit dem Personal gemütlich Mittag gegessen und oft draußen Kissen für die Hütte genäht haben. Das geht heute nicht mehr.« Während der Vater von Gabi die Abrechnung als Zettelwirtschaft in einer Schuhschachtel aufbewahrte und Reservierungen schriftlich mit einer Postkarte bestätigte, auf der stand »Alles klar auf der Kemptner Hütte«, verbringen die Braxmairs heute viele

Hütten – wie hier die Kemptner Hütte – werden oft über Generationen von einer Familie geführt.

Stunden täglich im Büro. »Wenn abends Ruhe einkehrt, mache ich die Abrechnung, schicke Unterlagen zum Steuerberater und pflege das elektronische Reservierungssystem.«

Übrigens: Der Betrieb einer Hütte ist in zwei Bereiche gegliedert, die Gastronomie und die Beherbergung. Während die Gastronomie an die Hüttenwirte verpachtet wird und von ihnen eigenständig bewirtschaftet wird, bleibt der Logisbereich »Eigentum« der Sektion. Die Einnahmen für die Übernachtung gehen – bis auf wenige Euro – an die DAV-Sektion. In der Hauptsache lebt der Wirt also von den Einnahmen durch Essen und Trinken. Wer möchte, dass die Hüttenwirte gut über die Runden kommen, gibt sein Geld genau dafür aus und verzichtet darauf, im Supermarkt im Tal einzukaufen und das Mitgebrachte auf den Hütten zu verspeisen – auch wenn es auf den meisten Alpenvereinshütten erlaubt ist, das eigene Essen mitzubringen (nicht aber die Getränke!).

58 Hüttenreservierung
»Aber ich bin Alpenvereinsmitglied!«

Pflichtprogramm, notwendiges Übel, oder Räuber jeglicher Freiheit? Beim Thema Hüttenreservierung scheiden sich die Geister. Fakt ist: Besonders auf beliebten Alpenüberquerungsrouten, etwa auf dem Stück von Oberstdorf nach Meran auf dem E5 oder dem Klassiker München–Venedig, kann man zur Hauptsaison ohne Reservierung ganz schön blöde Blicke ernten. Tatsächlich sind viele der Hütten im Juli und August ausgebucht. Und das manchmal schon Monate im Voraus. Das Argument »Ich bin Alpenvereinsmitglied, ich bekomme auf jeden Fall ein Bett«, stimmt übrigens nicht. Ist es noch früh am Tag und ist es zumutbar, noch eine andere Hütte bzw. das Tal zu erreichen, darf der Wirt den Wanderer weiterschicken. Wenn er natürlich noch Möglichkeiten hat, wird er Dich sicher aufnehmen. Die Wirte dürfen auch nicht alle Plätze vorab über Reservierungen vergeben. Anders sieht es aus, wenn jemand kurz vor der Dunkelheit oder erschöpft auf der Hütte eintrudelt. Denn die Alpenvereinshütten sind so genannte Schutzhütten. Dann muss der Wanderer aufgenommen werden. Im Zweifels-

Bei beliebten Touren lohnt es sich zu reservieren.

fall heißt es dann allerdings im Winterlager oder im Notlager in der Stube Platz nehmen. Das ist meist wenig gemütlich, dann vielleicht doch besser reservieren. Dass nicht genutzte Reservierungen abgesagt werden sollten, versteht sich von selbst.

59 Matratzenlager
Arsch an Arsch

Zugegeben, 50 Zentimeter Privatsphäre sind nicht viel. Und je nach Nachbarn wünscht man sich gelegentlich, es wären eher 50 Meter. Da hilft es nur, sich damit zu trösten, dass auch diese Nacht im Matratzenlager vorbeigehen wird. Und die Aussicht darauf, dass immer mehr Hütten – falls denn möglich – die großen Lager in mehrere kleinere zerschlagen, um den Gästen mehr Komfort zu ermöglichen. Einige Hütten bieten sogar Mehrbettzimmer an. In den besonders komfortablen Unterkünften kannst Du sogar nach einem Doppelzimmer fragen, ohne vom Wirt ausgelacht zu werden. Solltest Du aber doch in einem Matratzenlager zum Liegen kommen, gilt es einige Regeln zu beachten.

• Behalte Dein Zeug nah bei Dir. Einige Wanderer entpuppen sich als echte Messies und verteilen Kleidung und sonstigen Rucksackinhalt großzügig in einem Umkreis von zwei Metern rund um ihr Lager. In vielen Lagern befindet sich eine Bank oder Ablage vor den Matratzen. Der Abschnitt, der zu Deinem Liegeplatz gehört, ist für Dein Zeug bestimmt. Und nur der! Es sei denn, es gibt zusätzlich Haken.

• Wenn Du es bis zur Hüttenruhe unten in der Stube aushältst, pirsche Dich leise zu Deinem Schlafplatz. Ganz Pfiffige haben für eine unfallfreie Ankunft auf ihrer Matratze bereits die Stirnlampe in der Jacke.

• Heute schon an morgen denken! Heißt auf der Hütte, dass Du bereits am Abend Deine Rechnung bezahlst, Deinen Rucksack soweit wie möglich fertig gepackt hast und keine Packorgie im Lager in den Morgenstunden starten musst. Auch auf dem Flur viel besuchter Hütten geht's morgens so trubelig zu, dass Du ein nerviges Hindernis bist, wenn Du dort anfängst, Deinen Rucksack zu füllen.

• Du willst zum Sonnenaufgang auf den Hausgipfel? Du hast heute eine richtig lange Etappe vor Dir und möchtest früh starten? Schön! Aber womöglich gibt's Schlafnachbarn, die heute ausschlafen dürften. Darum bitte möglichst geräuschlos das Lager verlassen. Was gar nicht geht, sind minutenlange Raschel-Konzerte mit Plastiktüten!

• Sämtlichen Müll nimmst Du natürlich aus dem Lager mit. Und zwar nicht nur bis in die Hüttenstube, sondern mit hinunter ins nächste Tal.

Schweinfurter Hütte in den Stubaier Alpen

60 Schlafplatz
Fensterln erlaubt...

Auf der Hütte angekommen, sollte Dein Ablauf – noch vor dem ersten kühlen Getränk oder einem Stück wohlverdientem Kuchen – folgender sein: Stöcke und Wanderschuhe im Schuhraum verstauen, beim Wirt anmelden, ins Hüttenbuch eintragen und dann fix einen Schlafplatz suchen. Auf einigen Hütten gibt's fest zugewiesene, nummerierte Schlafplätze. Da wäre es keine gute Idee, das System durcheinanderzubringen und sich einfach irgendwo häuslich einzurichten. Vor allem auf kleineren Hütten darf man dagegen den Platz für die Nacht aber nach dem Motto »first come, first serve« auswählen. Dabei gilt: Je näher am Fenster, desto besser. Denn wenn sich das Lager erstmal füllt, wirst Du sehr bald sehr dankbar für jeden Atemzug frischer Luft in der Lunge sein. Verlasse am Morgen vor dem Aufbruch das Lager wieder so, wie Du es vorgefunden hast. Das muss nicht nach Hotelzimmer aussehen, aber zumindest solltest Du die Decke ordentlich zusammenlegen und das Kissen aufschütteln.

Nachtruhe auf Berghütten

»A Ruah is!«

»22 Uhr Hüttenruhe« – dieses Schild wirst Du zumindest auf den meisten deutschen und österreichischen Alpenvereinshütten mit Sicherheit sehen. Ich hatte mal einen Gast dabei, der sich am ersten Abend furchtbar über diese Regel aufregte. Zu Hause gehe er nie vor 0 Uhr ins Bett, was solle er dann machen, schimpfte er. Ich habe nur stumm gelächelt, denn ich wusste mittlerweile, wie die Geschichte weitergehen würde. Am nächsten Abend, nach einer anstrengenden Etappe mit sieben Stunden reiner Gehzeit, viel frischer Luft und reichlich Höhenmetern war ebendieser »Ich schlafe erst um Mitternacht-Gast« mit allen anderen um 21 Uhr hundemüde im Lager verschwunden. Ich konnte mir das Grinsen nicht verkneifen. So geht's oft.

Im »normalen« Leben, nach dem Arbeitstag im Büro, mit laufendem Fernseher und den Füßen auf dem Sofa mag uns 22 Uhr als Schlafenszeit absurd erscheinen, aber nach einem anstrengenden Wandertag wirst Du

selten das Bedürfnis haben, länger wach zu bleiben. Aber natürlich gibt es die Ausnahmen. Diese Abende, an denen einfach alles passt, die Stimmung zu schön, die Gitarrenmusik zu gut, das Bier zu süffig ist. Dann kann es gut sein, dass der Hüttenwirt die Hüttenruhe ein wenig nach hinten verschiebt …

Auch auf der Franz-Senn-Hütte ist um 22 Uhr Zapfenstreich.

Essen auf Hütten

Von Erbsenzählern und Nörglern

62

»Den Salat hätte ich gern ohne Karotten und das Dressing extra, bitte. Und hätten Sie vielleicht statt der Spaghetti auch noch andere Nudeln?« Immer mal wieder hört man solche Fragen. Auf einer Berghütte. In über 2000 Metern Höhe. Fern jeder Logistik, von jedem Supermarkt. Ich würde Dich sehr bitten, dass Du nicht zu den Menschen gehörst, die solche Bestellungen aufgeben. Das Essen auf den allermeisten Berghütten ist in Ordnung, reichlich und mit viel logistischem Aufwand, meist auch mit viel Liebe gekocht. Auf einigen Berghütten ist es sogar ausgezeichnet, was auf den Tellern landet. Denn immer mehr Himmelshäuser haben sich auf die Kulinarik spezialisiert. Da wird auf höchstem Niveau gekocht, gebraten und gebacken. Falls Du das Glück hast, auf einer solchen Schlemmer-Hütte zu Gast zu sein, freue Dich, verteile reichlich Lob und empfiehl das Haus weiter. Falls das Essen lediglich satt macht, freue Dich auch darüber. Bergsteiger und Wanderer früherer Generationen haben schon schlechtere Zeiten erlebt.

Feste Zeiten und Sonderwünsche Auf vielen Hütten gibt es feste Essenszeiten. Manchmal wird das Abendessen schon um 17 Uhr serviert. Ungewöhnlich, ja, aber bitte trotzdem futtern! Wer mit Bergschulen unterwegs ist, bekommt meist die wirklich üppige Halbpension. Auf einigen Hütten reicht das Menü von einer Suppe über Salat, einen saftigen Rinderbraten oder duftende Käsespätzle bis zum Pudding. Auf viel frequentierten Routen, wie etwa dem E5 oder Teilen von München–Venedig, werden zunächst die Bergschulen mit Halbpension bekocht, dann folgen die Individualwanderer, die à la carte wählen dürfen. Die meisten Hütten haben sich auch auf Sonderwünsche eingestellt, sodass Vegetarier nicht einfach nur Beilagen ohne Sauce, sondern ein richtiges Essen serviert bekommen. Wer schon bei der Reservierung nachfragt, hat gute Chancen, dass auch auf die Anforderungen von Veganern eingegangen wird, oder ein glutenfreies Brot serviert wird. Wer auf eine Spezialernährung angewiesen ist, sollte sich auf jeden Fall bereits von Daheim bei den Hütten erkundigen und ggf. selbst ergänzenden Proviant mitnehmen.

Oben schmeckt alles besser – Kaffeeklatsch mit Aussicht!

63 Vom Biwakieren in den Alpen

»Ich sehe den Sternenhimmel«

Wer für seine Transalp eine Route wählt, die komplett oder zumindest in Teilen fernab von Hütten und Dörfern liegt, dem stellt sich schnell die Frage nach der passenden Unterkunft für die Nacht. Ein einfaches Biwak aufschlagen, oder doch lieber das gemütliche Zelt? Und darf man das eigentlich überall so einfach? Während in Schweden auf Boden, der nicht landwirtschaftlich genutzt wird und nicht in der Nähe eines Wohnhauses liegt, im-

mer eine Nacht gezeltet werden darf, sind die Regeln im Alpenraum komplizierter. Ein Notbiwak, also eine Übernachtung im Freien, zu der man quasi durch Einbruch der Dunkelheit, Erschöpfung etc. gezwungen wird, ist natürlich überall erlaubt. Anders sieht es mit einem geplanten Biwak aus. Sprich: Du bist, ausgestattet mit Schlafsack, Isomatte und Biwaksack, lange vor Sonnenuntergang an Deinem Übernachtungsplatz und richtest Dich dort ein und/oder hättest gar eine Hütte in Deiner Nähe, die Übernachtungsmöglichkeiten bietet. Dann ist es so, dass das Biwakieren meist geduldet wird, außer Du befindest Dich in Schutzgebieten, in denen dies explizit verboten ist. Wer aber auch noch statt der minimalistischen Biwak-Ausrüstung mit Zelt unterwegs ist, muss sich auf jeden Fall vorher bei Gemeinden

erkundigen, ob und wo die Übernachtung im Zelt erlaubt ist.

Für Deine Nächte unter dem Sternenhimmel solltest Du neben einem warmen Schlafsack auf jeden Fall einen Biwaksack mitnehmen. Er schützt Dich und den Schlafsack vor Nässe.

Für alle Übernachtungen in der freien Natur gilt: Hinterlasse keine Spuren! Im Wald und in Schutzgebieten sind offene Feuer verboten. Achte auch besonders auf erhöhte Brandgefahr in trockenen Zeiten. Zum Kochen verwende einen sicheren Campingkocher. Verhalte Dich so, dass Du weder Tiere noch Pflanzen beeinträchtigst. Meide empfindliche Lebensräume wie Wildwechsel, Moorlandschaften etc. und vermeide Lärm. Wenn Du aufs Klo musst, so grabe Deine Naturtoilette mindestens 50 Meter von allen Gewässern entfernt. Verwende Recycling-Toilettenpapier oder Blätter. Noch besser: Nimm Papier in Müllbeuteln wieder mit ins Tal. Dasselbe gilt natürlich für sämtlichen Müll. Exkremente vergraben oder mit einem großen Stein verdecken.

Biwakieren in den Bergen:
Näher dran an der Natur geht nicht.

64 Alpenvereine
Das Management der Alpen

Solltest Du bislang noch keinen Kontakt zu ihnen gehabt haben, spätestens bei der Planung Deiner Alpenüberquerung wird sich das ändern. Alpenvereine gibt's sowohl in Deutschland (DAV), Österreich (ÖAV), Italien (CAI), Südtirol (AVS), Frankreich (CAF) und Slowenien (PZS) als auch in der Schweiz (SAC). Die Unterschiede sind groß – so hat der PZS knapp 60 000 Mitglieder, der DAV als größter Alpenverein bringt es auf über 1,3 Millionen. Was alle Genannten eint: Sie sind über Sektionen organisiert und verfolgen ähnliche Ziele. Dazu gehören Bergsport, Bergsteigen und Alpinismus zu pflegen sowie die Natur- und Kulturräume der Berge zu schützen.

Als Mitglied einer DAV-Sektion hast Du einige Vorteile. Bei der Planung Deiner Tour profitierst Du vom kostenlosen oder vergünstigten Zugriff auf Karten, Führer und Bücher. In Ausbildungskursen kannst Du Dich auf die Tour vorbereiten, und während Deiner Alpenüberquerung kannst Du auf über 2000 Hütten der alpinen Vereine günstiger übernachten. Zum Vergleich: Auf der Kemptner Hütte am E5 kostet ein Lagerplatz zum Beispiel für Nichtmitglieder 24 Euro pro Nacht, für Alpenvereins-Mitglieder nur 13 Euro. Ein weiterer Grund, warum viele Alpenüberquerer Mitglied im Alpenverein werden, ist die Versicherung. Als Mitglied bist Du weltweit bei alpinen Unfällen versichert.

Saison

Kurz und knackig

»Ich möchte Anfang April nächsten Jahres ungeführt die Alpen überqueren. Es wird meine erste mehrtägige Wanderung. Hat jemand Lust, mich zu begleiten?« Bei solchen Facebook-Einträgen löst sich selbst meine Toleranz in einen Hauch von Nichts auf.

Ob man als erste mehrtägige Wanderung gleich eine Transalp laufen muss, ist das eine. Ob dann auch noch ohne erfahrene Führung ist das Nächste. Aber was nun das Fass zum Überlaufen bringt, ist der gewählte Zeitpunkt: Anfang April. Im April ist im Hochgebirge tiefster Winter. Beste Skitourensaison. Aber sicherlich nicht die Zeit, um als ungeübter Alpinist zu Fuß das höchste Gebirge Europas zu überqueren.

Nehmt Euch viel, viel Zeit für Eure Tourenplanung. Wer Projekte von vier, acht oder noch mehr Wochen anstrebt, sollte so planen, dass die Etappen im Hochalpinen in die Zeit von Ende Juni bis Anfang September fallen. Dann sind auch die meisten (nicht alle!) Hütten geöffnet. Viele Hütten schließen Ende September, einige auch erst Mitte Oktober. Informiert Euch darüber bereits bei der Planung zu Hause.

Nicht nur hier im Allgäu gibt das Wetter die Saison vor.

66 Die richtige Gehtechnik
Wandern kann jeder? Von wegen!

Einen Fuß vor den anderen zu setzen, das kann ja nicht so schwierig sein. Sollte man meinen… Tatsächlich zeigt sich in den Bergen aber schon nach kurzer Zeit, wer nicht nur geradeaus durch die Fußgängerzone flanieren kann, sondern auch auf Pfaden, Wiesen, Geröll oder im Fels sicher unterwegs ist. Das Gute ist: Eine ausgefeilte Gehtechnik kann man üben.

Klein sticht groß Bergauf ist es in den allermeisten Fällen sinnvoll, den kompletten Fuß aufzusetzen und nicht nur auf den Zehenspitzen und Ballen hinaufzutänzeln. Liegt die komplette Sohle auf dem Boden auf, hast Du einfach den besten Halt. Drücken Deine Schuhe dabei zu stark am Schaft vor das Schienbein, kannst Du sie oben nur locker schnüren, um mehr Bewegungsspielraum zu erlangen. Ganz wichtig ist es, kleine Schritte zu machen. Den netten Merksatz »Kleiner Schritt hält Dich fit, großer Schritt nimmt Dich mit«, kann man sich öfters mal vorsagen. Beim Bergaufgehen solltest Du zusehen, dass Du einen rhythmischen Gang erreichst. Statt riesige Stufen in einem Schritt hochzusteigen, schau, ob Du nicht noch einen Zwischenschritt auf einem Stein oder Ähnlichem einlegen kannst. Je kleiner der Winkel, mit dem Du einbeinig Dein Gewicht hochstemmen musst, umso ressourcenschonender bist Du unterwegs. Versuche, ein ganz gleichmäßiges Tempo anzuschlagen.

Hinab mit Bedacht Bergab ist für die meisten unerfahrenen Wanderer die größere Herausforderung. Der wohl häufigste Fehler ist, dass der Oberkörper zu weit nach hinten gebeugt ist. Vor allem in Schutt- und Geröll-Gelände führt das schnell dazu, dass uns die Beine gen Tal wegsausen und wir auf dem Hintern landen. Je steiler das Gelände im Abstieg, umso mehr solltest Du in die Hockstellung gehen. Ein wenig, als wenn Du Dich auf die Toilette setzen willst. Die Knie sind leicht bis stark gebeugt (je nach Steigung), der Oberkörper nach vorne verlagert. Der Körperschwerpunkt liegt über der Trittfläche. Auch bergab bist Du mit kleinen Schritten deutlich sicherer – und nicht zwangsläufig langsamer – unterwegs. Eine besonders angenehme Art des Abstiegs ermöglicht manchmal ein Schuttfeld. Auf den losen Steinen lässt es sich – wenn sie die passende Größe haben – perfekt »abfahren«. Dabei setzt Du die Ferse zuerst auf, die Beine sind ausnahmsweise fast steif, der Oberkörper aufrecht oder leicht nach vorne gebeugt. Dann gleitest Du knieschonend hinab. In steilen Rinnen lässt es sich in einem Schuss abfahren, in den meisten anderen Schuttkaren macht man einfach schwungvoll lange Schritte und gleitet bei jedem einige Meter zusätzlich ab.

Richtig treten In steinigem Gelände solltest Du die Steine möglichst weit bergseitig antreten. So kannst Du verhindern, dass Du ein loses Exemplar erwischt, es lostrittst und es sodann abwärts stürzt, eventuell sogar auf andere Wanderer.

Ein anderes Gelände, das Übung verlangt, sind Grashänge. Für die meisten Menschen wirken sie deutlich weniger einschüchternd als Felshänge, doch das ist ein Trugschluss. Ist es zu trocken, bricht Gras schnell aus. Ist es nass, wird es unglaublich rutschig. Das ist übrigens nicht nur an Regentagen der Fall, sondern auch am frühen Morgen durch Tau. Kommt man auf einem Grashang erst einmal ins Rutschen, ist ein Sturz kaum zu bremsen. Hier muss dieselbe Technik angewendet werden, wie im Schnee. Dazu musst Du so schnell wie möglich in die Liegestützposition kommen, die Füße fest in den Berg rammen und die etwas mehr als schulterbreiten Arme durchdrücken. So kann ein Fall gebremst werden, noch bevor Du richtig Fahrt aufgenommen hast.

Je steiler das Gelände wird, umso schneller gerät man bei Rückenlage ins Rutschen. Besser: Gewicht nach vorne verlagern

67 Orientierung

»Irgendwo hier muss es sein...«

Immer öfter sieht man im Gelände Menschen scheinbar verwirrt umherlaufen, den Blick auf ihr Smartphone gerichtet. Auch wer mit einer App navigiert, sollte gelegentlich checken, wo er gerade steht. Praktischer sind folgende Orientierungshilfen:

GPS-Geräte Das »Global Positioning System«, GPS, erlaubt Dir, weltweit Deine Position zu ermitteln und zu navigieren. GPS-Geräte, die heute am Markt sind, ermöglichen Dir, verschiedene Kartensysteme zu nutzen, Wegpunkte, Tracks, Routen und Caches anzulegen. Modelle, die speziell für den Outdoor-Bereich entwickelt wurden (und das sind die meisten) sind robust und wasserdicht. Ein Gummigehäuse sorgt dafür, dass sie auch bei Nässe

Doppelt hält besser: Optimal ausgestattet ist, wer mit GPS und Karte loszieht. Fehlt nur noch der gute alte Kompass.

oder intensiver Bewegung gut in der Hand liegen. Achte beim Kauf darauf, dass Du das Gerät leicht bedienen kannst. Entweder über Tasten oder bei besseren Modellen über Touchscreen. Es sollte so klein sein, dass Du es in den Fronttaschen der Jacke oder am Gurt des Rucksacks tragen kannst. Gleichzeitig sollte der Bildschirm so groß sein, dass Du die Darstellung gut erkennen kannst. Eine lange Akkulaufzeit von 15 bis 20 Stunden nimmt Dir etwas den Stress der ständigen Stromsuche oder häufige Batteriewechsel. Zur Orientierung im Gelände machen ausschließlich hochauflösende, topgrafische Karten Sinn. Komfortabel ist, dass man mit GPS-Geräten die Tour bereits zu Hause planen und auf dem Gerät speichern kann. Wer unterwegs seinen Weg aufzeichnet und überraschend die Sicht verliert, kann sich mit der Track-back-Funktion auf dem Pfad zurückführen lassen.

Alte Klassiker Nicht alle Neuerungen sind besser als Altbekanntes. So kann es bei GPS-Geräten – wie bei allen anderen elektronischen Geräten auch – immer mal zu Ausfällen kommen. Wenn Du auf Nummer sicher gehen möchtest, solltest Du neben einer Karte immer auch einen Kompass im Gepäck haben. Dass der sich seit etwa 2500 Jahren vor Christus bewährt, spricht für die Technik. Allerdings solltest Du Dich, wenn Du bislang nicht oder nur wenig mit Kompass und Karte im Gelände gearbeitet hast, schon vor Deiner Tour damit beschäftigen. Sicher wirst Du schnell herausfinden, ob Du zu den Wanderern gehörst, die es lieben, sich mit dem Thema Orientierung auseinanderzusetzen oder zur Fraktion der Orientierungs-Muffel. Doch selbst wenn Letzteres der Fall ist: Ein Grundverständnis ist bei allen Touren, die Du ohne fachkundige Führung, sei es durch einen Orientierungs-Fan aus dem Freundeskreis oder ausgebildete Berg(wander)führer, unternimmst, Pflicht.

Den Kompass bedienen Wenn Du im Gelände stehst und keine störenden Faktoren wie Handys, LVS-Geräte oder Metallgegenstände in der Nähe sind, zeigt die frei schwingende Magnetnadel eines Kompasses zuverlässig in Richtung des magnetischen Nordpols. Aufmerksame Leser sind jetzt wahrscheinlich über das »magnetisch« gestolpert. Tatsächlich liegt der geografische Nordpol rund 1500 Kilometer vom magnetischen entfernt. Daher kann es zu Abweichungen zwischen der Realität und dem, was der Kompass anzeigt, kommen. Die Landkarten orientieren sich nämlich nicht am magnetischen Nordpol, sondern an den Gitternetzlinien, die ihren Ursprung am geografischen Nordpol haben. Klingt kompliziert, bedeutet aber einfach nur, dass man am Kompass diese Missweisung (so heißt die Differenz) einstellen muss. Oft ist sie am Kartenrand vermerkt und beträgt im Alpenraum momentan etwa 3 Grad. Wichtig ist, dass Du den Kompass beim Bedienen immer waagerecht hältst. Nur so kann er frei schwingen.

Einnorden der Karte Um Karte und Gelände in Übereinstimmung zu bringen, musst Du die Karte einnorden. Dafür drehst Du die Kompassdose auf Nord 0 Grad und legst sie parallel zum seitlichen Rand der Karte an. Als Nächstes drehst Du die Karte (auf horizontalem Untergrund) so lange, bis die Nordnadel sich an der Nordmarkierung der Kompassdose eingependelt hat. Nun sind Karte, Kompass und unser Blick nach Norden ausgerichtet.

Standort bestimmen Du bist unterwegs und möchtest wissen, wo genau auf der Karte Du Dich befindest? Dazu musst Du »rückwärts einschneiden«, wie es im Fachjargon heißt. Dafür gibt es zwei Möglichkeiten. Für die erste musst Du Dich auf einem in der Karte eingezeichneten Punkt befinden. Also einem Weg, an einem Bach oder einem Gebäude. Nun nimmst Du also Deinen Kompass und peilst über das Visier den Gipfel an. Drehe nun die Kompassnadel so lange, bis die Nordmarkierung genau mit der Nordseite der Nadel übereinstimmt. Lege den Kompass nun auf die Karte, ohne an ihm zu drehen und zwar so, dass das Ende mit dem Visier am angepeilten Gipfel liegt. Jetzt drehst Du den Kompass so weit, dass sein Ost-West-Band mit der Ost-West-Richtung der Karte übereinstimmt. Jetzt ziehst Du mit dem Bleistift entlang der Anlegekante eine Linie. Dort, wo die Linie den Weg (oder Bach oder das Gebäude) kreuzt, befindest Du Dich gerade. Bist Du im weglosen Gelände unterwegs und hast keinen solch markanten Punkt, musst Du eine zweite Peilung durchführen. Dieser zweite Gipfel sollte sich im Optimalfall im rechten Winkel zum ersten befinden. Auch von diesem Punkt ziehst Du eine Linie entlang der Anlagekante. Wo sich beide Peillinien treffen, stehst Du.

68 Wanderkarten und wie man sie richtig liest

»Ich meinte das andere Links!«

Egal, ob Tagestour oder mehrwöchige Alpenüberquerung: Eine gute Wanderkarte gehört immer in Deinen Rucksack. Meiner Meinung nach auch dann, wenn Du mit GPS oder Apps ausgestattet bist. Denn eine analoge Karte funktioniert auch dann, wenn die Technik ausfällt. Panoramakarten, Karten im Maßstab 1:50 000 oder noch schlechter, kannst Du getrost vergessen. Für eine Wanderung, zumal im unbekannten oder sogar unbeschilderten Gelände, benötigst Du eine gute topografische Karte. Der Maßstab (ist immer auf der Karte angegeben) sollte 1:25 000 betragen. Das bedeutet, dass ein Zentimeter auf der Karte 25 000 Zentimetern in der Natur entspricht, also 250 Metern. Da wir bei der Tourenplanung meist mit Kilometern kalkulieren, ist der wichtige Anhaltspunkt für Dich: Vier Kartenzentimeter sind ein »echter« Kilometer. Auf jeder dieser Karten ist oben Norden.

Höhenlinien Wie ein gewelltes Gitter überziehen sie die komplette Karte. Sie sind ein wichtiges Indiz für die Beschaffenheit des Geländes, das Dich erwartet. Diese Linien verbinden (imaginär) alle Punkte gleicher Höhe. Ihr Abstand zueinander beträgt auf den 25 000er-Karten in der Regel 20 Meter (wenn nicht, ist das auf der Karte unter dem Stichpunkt Äquidistanz, so heißt der Abstand zwischen den einzelnen Höhenlinien, angegeben). Jede fünfte Linie ist fetter dargestellt, das sind dann also immer 100 Meter. Was Du an den Höhenlinien ablesen kannst? Zum einen die Höhenangaben. Diese stehen auch auf den Linien vermerkt, und zwar immer dem Gelände entsprechend richtig herum. Daran kannst Du gleich erkennen, in welche Richtung es bergab und bergauf geht. Zudem lässt sich die Steilheit des Geländes an ihnen ablesen. Je enger die Linien zueinander liegen, desto steiler wird's. In flachen Gebieten liegen sie weit auseinander, wenn der Weg eben ist, liegt er auf der Karte parallel zur Höhenlinie. Wird das Gelände steiler als 45 Grad, ist es mit Höhenlinien nicht mehr darstellbar.

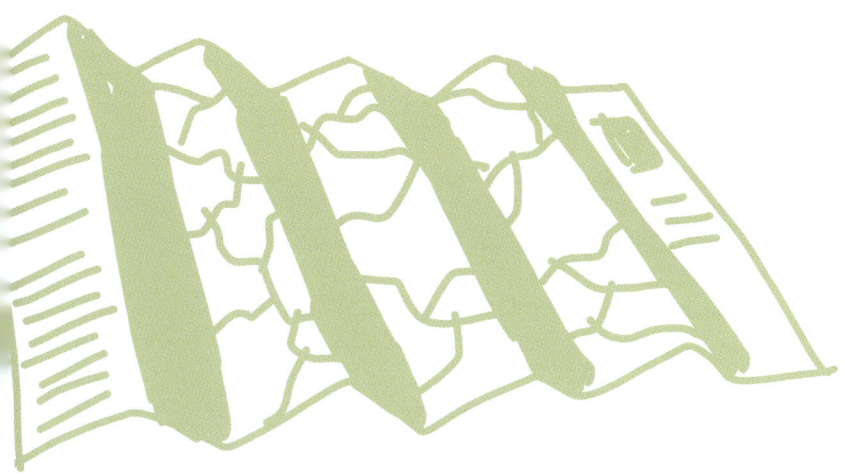

Farben auf der Karte Unterschiedliche Farben kennzeichnen Geländebeschaffenheit oder Bewuchs. So sind Flüsse, Bäche und Seen, aber auch Höhenlinien auf Gletschern in Blau hinterlegt. Waldflächen sind in Hellgrün, Gebüsch in Olivgrün und Waldkonturen in Dunkelgrün in der Karte verzeichnet. Höhenlinien in bewachsenem Gelände sind braun, die sogenannte Schummerung grau und Wegnummern Rot. Häuser, Straßen, Bahnen, Lifte, Felsen sowie Höhenlinien im Schutt und Fels und die Schraffung sind in den Karten schwarz eingezeichnet.

Schummerung Gute topografische Karten wirken sehr plastisch. Das liegt unter anderem daran, dass mit Schummerung gearbeitet wird. Dies ist ein Schattenwurf, der durch eine virtuelle Lichtquelle entsteht. Sie scheint aus Nordwesten (also von oben links auf der Karte) ins Gelände. Südostflanken erscheinen daher auf der Karte dunkler, sie scheinen Schatten zu werfen.

Kartenrand und Kartenlegende Die Karte endet nicht in ihrem bunten Bereich. Auch auf dem Kartenrand findest Du noch viele hilfreiche Informationen. Hier steht die Äquidistanz oder auch der Böschungsmaßstab, durch den man die Steilheit des Geländes besser einschätzen kann.

Kartenlegende Ob Fahrweg, Fußweg, Steig, Lift, Zaun, Häuser, Kirche, Steg – für alles gibt's ein Symbol, das in der Kartenlegende erklärt wird.

So groß die Auswahl an Routen über die Alpen ist, so vielfältig ist auch die Beschilderung. In Deutschland und Österreich finden sich fast überall die gelben Wegweiser, auf denen die Schwierigkeitsklasse des Weges analog zur Skipisteneinteilung in Blau (einfach), Rot (mittelschwer) und Schwarz (schwierig) als Punkt zu finden ist. Als Zwischenmarkierungen auf Felsen oder Bäumen finden sich meist rot-weiß-rote Streifen, unabhängig von der Schwierigkeit des Weges.

In der Schweiz sind Wegweiser für Wanderwege gelb, für Bergwanderwege weiß-rot-weiß und für alpine Routen mit erhöhten Anforderungen weiß-blau-weiß.

In Südtirol findest Du meist Wegweiser aus Lärchenholz mit rot-weiß-roter Pfeilspitze. Darauf stehen Nah- und Fernziele, mit oder ohne Zeitangaben. Zusätzlich steht auf den Schildern die Nummer des Weges. Was dagegen fehlt, ist eine Schwierigkeitsangabe.

In Italien sind die Schilder meist weiß mit roter Pfeilspitze und weiß-rotem Ende. Zudem stehen die Zeitangaben und die Nummerierung des Weges mit drauf.

Außerdem findest Du Beschilderungen von Themen- bzw. Fernwanderwegen wie etwa der Via Alpina, dem Alpe-Adria-Trail oder der GTA. Auf dem Weg vom Bodensee nach Verona wirst Du immer wieder das »E5«-Zeichen sehen.

Holz? Metall? Rot-weiß?
Rot-weiß-rot?
Je nach gewählter Route begegnen
Dir unterschiedliche Beschilderungen.

70 Zeitangaben und Schwierigkeitseinteilung

»Gleich sind wir da!«

Sie haben lautstarkes Fluchen, mittelschwere Ehekrisen und unkontrollierte Heulkrämpfe zu verantworten: Richtungsweisende Schilder, auf denen die Gehzeiten angegeben sind. Auf der einen Seite freut man sich über ihren Anblick, gerade wenn das letzte Schild schon verdächtig lange zurückliegt, denn nun steht fest, dass man auf dem richtigen Weg unterwegs ist. Auf der anderen Seite können die Zeitangaben zum nächsten Wegpunkt oder gar zum Ziel furchtbar demotivierend und irritierend sein. Denn ja, es kommt vor, dass auf dem letzten Schild, das man vor einer Stunde passiert hat, stand, es seien noch zwei Stunden zum Ziel und auch auf dem aktuellen Pfeil steht »2 h«. Zum Glück sind diese fehlerhaften Beschriftungen Ausnahmen, die meist schnell wieder korrigiert werden. Fakt bleibt jedoch: Die Angaben – sowohl die zur Dauer, als auch zum Schwierigkeitsgrad – sind menschengemacht. Und Menschen sind sehr unterschiedlich. Auch und vor allem in ihrem Gehtempo und in ihrem Empfinden für Schwierigkeiten. Was der eine noch ganz entspannt als roten, also mittelschweren Weg, einstuft, bringt den anderen bereits an die eigenen Grenzen. Und während der eine Wanderer die Strecke ohne viel zu schnaufen in den angegebenen drei Stunden läuft, ist der andere auch nach knapp vier Stunden noch nicht am Ziel. Berücksichtige also immer: Die angegebenen Zeiten sind lediglich als ungefähre Angaben zu sehen.

Gehzeiten berechnen Um schon zu Hause zu berechnen, wie lange Du in etwa für welche Strecke brauchst, empfehle ich Dir folgende Formel: Du gehst davon aus, dass Du in einer Stunde vier Kilometer in der Entfernung, 400 Höhenmeter im Aufstieg und 500 Höhenmeter im Abstieg zurücklegen kannst. Nun berechnest Du den Zeitbedarf für den zu bewältigenden Höhenunterschied. Dann für die Wegstrecke in der Entfernung. Zum

Schluss halbierst Du den kleineren Wert und addierst ihn zum größeren. Ein konkretes Beispiel: Deine heutige Etappe führt über 1200 Höhenmeter im Aufstieg, 1000 Höhenmeter im Abstieg und 16 Kilometer Länge. Für den Aufstieg benötigst Du also 3 Stunden (1200:400), für den Abstieg 2 Stunden (1000:500) und für die Distanz 4 Stunden (16:4). Für die Höhenunterschiede sind es also 5 Stunden und für die Entfernung 4 Stunden. Den kleineren Wert (4) halbierst Du, also 2, und addierst ihn zum größeren (5). Deine Gesamtgehzeit wird also etwa 7 Stunden betragen. Liest sich kompliziert, wird Dir aber bald in Fleisch und Blut übergehen. Wenn Du merkst, dass Du eher gemütlich unterwegs bist, planst Du für den Aufstieg statt 400 Höhenmetern eher 300 ein. Für alle, die kopfrechenfaul sind: Der DAV bietet online einen Gehzeitrechner an, in den Du die Werte einfach eingeben kannst.

Zeitangaben auf Schildern am besten immer wieder mit der eigenen Leistung abgleichen.

71 Begegnungen mit Kühen
Mit Muuuuuuh auf Du & Du

Sie gehören zu den Alpen wie die Berge: Kühe. Und zwar nicht nur in Form einer frischen Buttermilch auf der Hüttenterrasse, sondern vor allem als Pfleger der Almen-Kulturlandschaft. Durch das jährliche Abweiden halten die Kühe die Bergwiesen frei von Verwucherung durch Sträucher. Für die Bauern bedeutet die Almwirtschaft, dass sie das Gras im Tal für den Winter nutzen können, Futtermittel einsparen und zudem die Gesundheit ihrer Tiere fördern. Und für uns Wanderer? Zum einen gibt es wohl wenige Dinge, die dermaßen entspannend sind, wie weidenden Kühen auf der Alm zuzuschauen, wie sie friedlich das Gras rupfen, begleitet vom leisen Läuten der Kuhschellen. Der perfekte Sound für ein Nickerchen! Und auch als Fotomotiv machen die Tiere richtig was her. Da die Rindviecher vom Grundsatz her gemütlich und eher langsam sind, geht von ihnen in den allermeisten Situationen überhaupt keine Gefahr aus. Doch wenn Wanderer sich falsch verhalten, kann aus einer gemütlichen Kuh im Handumdrehen ein wild gewordenes Rindvieh werden.

So lange sie nicht gereizt werden, sind Kühe gutmütige Tiere.

Einige Dinge solltest Du beachten:

- Kühe sind Fluchttiere. Sie greifen nur an, wenn sie sich provoziert fühlen. Lass ihnen immer einen Ausweg, um zu fliehen und treib sie nicht in die Ecke.
- Kühe nicht erschrecken! Durch ihr eingeschränktes Sichtfeld geht das leider recht schnell, etwa, wenn man sich von der Seite nähert. Also mach Dich rechtzeitig bemerkbar und geh dann ohne Hektik vorbei.
- Bei den meisten Angriffen von Kühen auf Wanderer, von denen in den letzten Jahren immer häufiger die Rede war, sind Hunde der Auslöser gewesen. Falls Du also mit einem Vierbeiner unterwegs bist: Leine Deinen Hund unbedingt an, sobald Du Dich einer Kuhweide näherst, halte ihn dicht bei Fuß und passiere die Herde zügig.
- Auch ohne Hund gilt: Abstand halten! Insbesondere dann, wenn die Kühe Kälber dabeihaben. Fühlt sich die Mutter bedroht, ist es vorbei mit dem Kuscheltier-Image.
- Es mag schwerfallen, aber wenn Du Dir nicht ganz sicher bist, dass Du auf ein besonders liebebedürftiges Exemplar Kuh gestoßen bist, verzichte lieber auf Streicheleinheiten.

So viel zur Prophylaxe. Wenn sich das Tier trotz aller Vorsichtsmaßnahmen provoziert fühlt, kündigt es seine schlechte Laune deutlich an. Zunächst durch das Fixieren mit den Augen. Als Nächstes wird die Kuh den Kopf senken und Dir die Stirn bieten. Dann schnaubt und brummt sie manchmal dazu. Spätestens jetzt solltest Du den Rückwärtsgang einlegen. Und zwar erst mal langsam und bedächtig. Die Kuh behältst Du dabei immer im Blick! Bei einer einzelnen Kuh helfen manchmal laute, bestimmte Worte und ein erhobener Stock. Bei mehreren aufgebrachten Tieren ist direkter Rückzug immer die bessere Lösung.

Apropos Kühe: Hast Du Dich schon mal gefragt, warum die Rinder immer hangparallel weiden? Das liegt daran, dass eine Kuh mehrere aufeinanderfolgende Mägen hat. Stehen die Tiere nicht parallel zum Hang, drücken die hangaufwärtigen Mägen auf die darunterliegenden. Das ist natürlich super unangenehm, und so grasen die Tiere lieber parallel. Die Technik müssen die Kühe allerdings selbst erst einmal lernen. Wenn sie das erste Mal auf die Alm kommen, verlieren sie oftmals erst ordentlich Gewicht, bis sie den Dreh raushaben. Dadurch, dass die Tiere einmal eingetretene Spuren immer wieder nutzen, entstehen die typischen Kuhgangeln an den Hängen.

72 Mobile Erreichbarkeit
Von Handys und Empfang

Eine Nachricht an die besorgte Mama, ein Selfie für die Facebook-Gemeinde, per Mail die Hütte reservieren und mit der App checken, wie der Berg am Wegesrand heißt: Handys sind mittlerweile viel mehr als mobile Telefone. Sie sind kleine Kommunikationszentralen und Büros, ersetzen Kameras und PCs. Und ja, sie sind praktisch, keine Frage. Im Zweifelsfall sind sie sogar überlebenswichtig, wenn wir mit ihnen die Bergrettung rufen können. Darum gehört ein aufgeladenes Handy zur Ausstattung jedes Alpenüberquerers. Die Frage ist nur: Wie und wo nutze ich es? Ich persönlich empfinde Handys vor allem in der Stille der Berge oft als massiven Störfaktor. Wenn ich mit Gästen das Spektakel eines Sonnenuntergangs genieße oder in den frühen Morgenstunden still auf die ersten wärmenden Strahlen der Sonne warte, dann nervt es mich ungemein, wenn neben mir jemand

Selfies macht oder eine Sprachnachricht an die Daheimgebliebenen schickt. Warum nicht einfach den Moment genießen? Ihn wirklich mit allen Sinnen einfangen? Das geht nicht mit Handykamera vor dem Gesicht. Und auch nicht, wenn ich gedanklich dabei bin, die Umgebung auf ihre Instagram-Tauglichkeit zu überprüfen. Jochen Krupinski, seit Jahrzehnten Wirt der Mindelheimer Hütte im Allgäu, kann ein Lied von den Smartphone-Nutzern singen. Er erzählt von Wanderern, die mit dem Handy navigieren und dabei über die eigenen Füße stolpern. Oder einem Gast, der die Speisekarte fotografierte, um Jochen dann auf dem Handy-Foto zu zeigen, was er gern essen möchte. Und von seiner Handy-Ladestation, die Platz für zehn Geräte bietet und meist schon morgens um 11 Uhr von den Smartphones der Tagesgäste belegt ist. »Oft sitzen sie auf unserer Terrasse am schönsten Fleck der Welt, schauen auf dieses elektronische Teil und kriegen gar nicht mit, was um sie herum passiert. Die merken zum Teil nicht mal, wenn wir nachfragen, was sie trinken wollen.« Dabei geht's ja gar nicht darum, die Handys zu verteufeln. Gerade auf so einer langen Tour wie einer Alpenüberquerung und vor allem, wenn das Handy auch als Kamera

Erreichbar, sogar auf dem Gipfel. Fluch oder Segen?

dient, wirst Du es oft und gern in der Hand haben. Aber vielleicht kehrst Du in der Stille der Berge zu einem bewussteren Umgang mit dem Smartphone zurück.

Immer auf Empfang Bedenke, dass die Erreichbarkeit im Gebirge oft stark eingeschränkt ist. Die Chancen auf einige Balken Empfang sind in der Nähe von Hütten und Dörfern höher. Auch klappt es besser auf einem Gipfel oder einer Passhöhe als in Mulden oder Schluchten.

Checke vor Deiner Reise Deinen Handytarif. Was deckt er ab? Wo lauern Zusatzgebühren (z. B. bei der Nutzung in der Schweiz)?

Die Hütten haben sich mittlerweile auch zu großen Teilen den Wünschen der Wanderer angepasst. Auf fast allen gibt's Ladestationen, einige Hütten bieten gar WLAN an. Wer das Handy wirklich viel nutzt oder ein GPS-Gerät dabeihat, sollte sich überlegen, auch eine kleine Powerbank mitzunehmen. Leistungsstarke Ausführungen laden Deine Geräte fast ebenso schnell wie Steckdosen. Wichtig: Behalte das Gewicht im Auge! Und hülle Handy und Aufladegerät in eine Tüte oder einen Zip-Lock-Beutel, damit sie bei Regen gut geschützt sind.

73 Tempo und Pausen
Das rechte Maß

Es ist ein herrlicher Morgen, eine Gruppe Wanderer tritt aus der Hütte. Körpermaß, Ausrüstung und der Bierkonsum des letzten Abends lassen vermuten, dass sie nicht zu den Bergprofis gehören. Noch schnell die Schnürsenkel gebunden, den Rucksack aufgesetzt, und plötzlich schießen die vier los, als hätten sie die Zeche geprellt und wollten dem wütenden Hüttenwirt entkommen. Der Kaltstart, ein typischer Anfängerfehler! Und einer, den interessanterweise vor allem Männer begehen. Statt zu tun, was bei anderen Sportarten selbstverständlich ist, nämlich sich erst mal einige Minuten aufzuwärmen, preschen viele Wanderer quasi mit Highspeed aus dem Matratzenlager zum nächsten Gipfel. Der Kreislauf kann dann zusehen, wie er damit fertig wird. Besser für Herz & Co. ist es, die ersten zehn bis 15 Minuten erst mal langsam zu starten. Dann wird es ohnehin Zeit für eine »Gurtrast«. Das war in der Kavallerie der Moment, als den Pferden nochmals der Sattelgurt nachgezogen wurde, der nach den ersten Metern deutlich lockerer saß als beim Start. Für uns Wanderer ist es der Zeitpunkt, an dem wir

Plane ausreichend Pausen zum Erholen und Genießen ein. Und natürlich zum Staunen!

merken, dass sich die Daunenjacke, die sich beim Loslaufen in der kühlen Luft zunächst ganz gut anfühlte, doch zu warm ist. Manch einer mag es nervig finden, so kurz nach dem Start bereits wieder anzuhalten, den Rucksack abzusetzen und Kleidung darin zu verstauen, aber diese erste Pause ist wichtig. Wir sind nun warmgelaufen und das Ablegen der einen oder anderen Schicht sorgt dafür, dass wir nicht zu sehr schwitzen. Außerdem ist es die perfekte

Gelegenheit, um all das noch flott zu erledigen, was man vorher vergessen hat. Wenn Du in einer Gruppe unterwegs bist, wirst Du schnell das Phänomen kennenlernen, dass es immer mindestens einen gibt, der die Stöcke nicht richtig eingestellt hat, der vergessen hat, Sonnencreme aufzulegen oder der schon den ersten Kaffee hinter den Busch bringen muss.

Mach mal Pause! Wie oft man dann pausiert, ist von Teilnehmern, der Entfernung zum Ziel und auch vom Wetter abhängig. Grundsätzlich ist es sinnvoll, bei weniger geübten Wanderern nach etwa einer bis eineinhalb Stunden eine erste Pause einzulegen, allerdings nur für etwa zehn Minuten. Den Rhythmus kann man bis zu einer größeren Mittagsrast von mindestens einer Stunde wiederholen. Bei miesem Wetter werden Pausen gern zusammengestampft oder gar ganz gestrichen. Verständlich, aber achte unbedingt darauf, dass Du Zeit zum Durchschnaufen hast. Bist Du in einer Gruppe unterwegs, sollte der Schwächste bestimmen, wann er Zeit für eine Pause braucht. Sinnvollerweise sollte die an einem geschützten Ort geplant werden. Eine topografische Karte verrät Dir, wo das nächste Waldstück, eine Hütte, Kapelle oder vielleicht eine Scheune zu finden ist, wo Du Unterschlupf finden kannst. Grundsätzlich solltest Du Pausen, Länge der Etappen und das Gehtempo so einteilen, dass Du immer noch Reserven hast. Nur so kannst Du auf unvorhergesehene Ereignisse (Sperrung des Weges, ungeplante Umwege, schwieriges Gelände, Wetterumschwung, Notfall) reagieren. Vor allem wer zu den langen Querungen aufbricht und diese in einem Rutsch begehen möchte, sollte bedenken, dass sich nach einigen Tagen oft eine starke Erschöpfung breitmacht. Wenn sich dieses Gefühl einstellt, dass Körper und/oder Geist mal durchschnaufen wollen, lege unbedingt ein oder zwei Ruhetage ein. Du wirst staunen, wie schnell Du regenerierst!

74 Hilfe rufen
Alpines Notsignal und Notruf

Auch in Zeiten des Handys sollte jeder Alpenüberquerer wissen, wie er auf sich aufmerksam machen kann, wenn er Hilfe benötigt. Das alpine Notsignal besteht aus sechs Zeichen in einer Minute. Also alle zehn Sekunden ein Signal. Das kann akustisch sein, etwa mit einer Trillerpfeife (ist bei vielen Rucksäcken an den Schnallen integriert) oder durch Rufen. Aber auch optisch mit einer Taschenlampe. Vor allem nachts oder bei Nebel ist dies die bessere Variante. Nach einer Pause von einer Minute werden die Signale wiederholt. Die Antwort besteht immer aus drei Signalen innerhalb einer Minute. Dann kannst Du sicher sein, dass jemand Deinen Hilferuf wahrgenommen hat und sich kümmert.

Einen Notruf absetzen Wenn Du ein Handy dabeihast und auch noch Empfang, dann solltest Du schnellstmöglich einen Notruf absetzen. Ausnahme: Der Verletzte liegt in ungünstigem Gelände und droht zum Beispiel weiter abzustürzen. Dann sicherst Du zunächst Dich und den Verletzten und kümmerst Dich dann um den Notruf. Sind mehrere unverletzte Wanderer bei Dir, teil die Aufgaben untereinander auf.

Ganz wichtig ist, bei der Unfallmeldung Ruhe zu bewahren, auch wenn es je nach Vorfall immens schwerfällt. Es ist wichtig, dass die Leitstelle genau verstehen kann, was Du sagst. Und keine Sorge, falls Du die W-Fragen

Bei der Unfallmeldung kannst Du Dich an den »W-Fragen« orientieren:
Was ist passiert (Absturz an einer Felswand, Lawinenabgang o. Ä.)?
Wann ist es passiert?
Wo ist es passiert? Beschreibe Deine Lage so gut wie möglich, vielleicht hast Du GPS-Daten oder bist in der Nähe eines markanten Punktes (Hütte, Scharte o. Ä.).
Wie viele Verletzte gibt es?
Welche Verletzungen liegen vor?
Wer meldet? Gib Deine Handynummer für einen Rückruf der Leitstelle an.

Helfer in der Not: die Luftrettung

nicht parat hast, wird Dich das Team der Rettungsleitstelle befragen. Sie sind es auch, die das Gespräch beenden, also bitte nicht einfach auflegen. Um einen Notruf abzusetzen benötigst Du keine Handy-PIN. Du kannst also, falls Du selber kein Mobiltelefon dabeihast, auch das Gerät eines anderen Wanderers nutzen. Dann wählst Du die 112. Für den Notruf wählt das Handy das stärkste Netz. Hast Du trotzdem keinen Empfang, begib Dich auf einen Gipfel oder eine Kuppe, dort geht es oft besser.

Ein grundsätzlicher Tipp: Frische Deine Kenntnisse in Erster Hilfe auf. Wann hast Du den letzten Kurs gemacht? Während des Führerscheins wahrscheinlich, oder? Dann geht es Dir so wie den meisten Menschen. Dabei können einfache Maßnahmen Leben retten, nicht nur am Berg. Man muss sie nur beherrschen. Darum buche doch einfach einen Auffrischungskurs (wird von vielen Organisationen wie den Johannitern, dem DRK, den Maltesern etc. angeboten) und Du wirst viel sicherer im Gelände unterwegs sein und kannst im Ernstfall wertvolle Erstversorgung leisten, bis die professionellen Helfer eintreffen. Einige Anbieter, etwa der Verein Alpines Rettungswesen, bieten sogar Erste-Hilfe-Kurse unter realen Bedingungen, sprich im alpinen Gelände, an.

75 Selbstüberschätzung

»Das schaffe ich schon!«

Die eigenen Grenzen verschieben, den inneren Schweinehund überlisten, sich selbst spüren, manchmal auch überrascht sein von dem, was man leisten kann. Touren in den Bergen – und das gilt vor allem für große Projekte wie eine Transalp – schenken uns die wunderbare Möglichkeit, über uns hinauszuwachsen. Doch es ist oftmals ein schmaler Grat zwischen dem Verschieben und dem Überschreiten von Grenzen. Wo wir in anderen Situationen im Flachland vielleicht mit einem blauen Auge davonkommen, hinterher heldenhaft unsere Geschichte erzählen oder uns einfach selbst im

stillen Kämmerlein versprechen, beim nächsten Mal aufzupassen oder besser vorbereitet zu sein, geht's in den Bergen schnell ans Eingemachte. Das kann Verletzungen, Schmerzen oder gar Tod bedeuten. Es ist kein virtueller, kein gesicherter Raum, in dem Du unterwegs bist. Es gibt keinen doppelten Boden und jede Deiner Entscheidungen am Berg sollte gut überlegt sein. Und sie sollte immer auf Deinem Können und Deiner aktuellen Verfassung basieren. Wenn ich starkes Kopfweh habe oder mit einem verstauchten Fuß unterwegs bin, kann ich einfach nicht so leistungsstark sein wie im gesunden Zustand. Auch die äußeren Bedingungen, allen voran das Wetter, können aus einer einfachen Etappe im Handumdrehen ein höchst anspruchsvolles Unterfangen machen. Wer das mit einem »Ach, das schaffe ich schon« zur Seite wischt, riskiert unter Umständen das eigene Leben oder das der anderen.

Eine alpine Gefahr, die ganz typisch für Selbstüberschätzung und/oder zu wenig Erfahrung ist, ist der Absturz. Immer wieder stürzen Bergwanderer ab, und in den meisten Fällen ist dieser Sturz selbst verschuldet. Auch Notrufe aufgrund von Erschöpfung gehen fast immer auf das Konto von Selbstüberschätzung. Weil die Strecke zu lang, die Höhe zu hoch, die Etappe zu schwierig, das Ziel zu weit war. Sich dann darauf zu verlassen, dass man ja Mitglied im Alpenverein ist und die schnelle Rettung mit dem Helikopter nur einen Anruf entfernt ist, ist nicht nur unverschämt, sondern manchmal auch ein Trugschluss (z. B. wenn der Hubschrauber nicht fliegen kann). Auch bei einsetzendem Nebel oder Einbruch der Dunkelheit gilt: Lieber einmal zu vorsichtig agieren, als mit übertriebenem Selbstbewusstsein eine heikle Situation hervorzurufen.

Zu schwer der Rucksack, zu lang
oder anspruchsvoll die Etappe.
Wenn die eigene Grenze überschritten
wird, ist Abbrechen angesagt.

76 Gruppenzwang
Einer wird's schon besser wissen …

Irgendwie denkt man ja, dem Thema Gruppenzwang sei man kurz nach der Pubertät entkommen. »Ich bin ein eigenständig denkender und handelnder Mensch«, meint man. Großer Irrtum! Immer wieder erlebe ich, wie erwachsene Menschen jeden Alters aus den unterschiedlichen Berufen und Führungsebenen ihr Hirn einfach ausschalten und hinterherdackeln. Manchmal mit furchtbaren Folgen. Und das passiert eben nicht nur bergunerfahrenen Einsteigern, sondern auch Profis. So etwa dem Team von »Bergauf, bergab«, dem Bergsport-Magazin des Bayerischen Rundfunks, das vor einigen Jahren im Frühjahr unterwegs im Engadin war zu Dreharbeiten. Acht Personen, alle extrem bergerfahren, vier von ihnen sogar ausgebildete Berg- und Skiführer. An dem Tag herrschte Lawinenwarnstufe 3, also erhebliche Lawinengefahr. Die Schneedecke des Hangs wurde im Anstieg plötzlich inhomogen, mal weich, mal hart. Das Gelände wurde immer steiler, oberhalb hatte der Wind viel Schnee hineingedrückt. Klassische Gefahrenzeichen. Der Hang war akut lawinengefährdet. Doch das Team stieg einfach weiter auf. Und dann, mit den typischen Wumm-Geräuschen, brach der komplette Hang ab und riss das Team mit sich in die Tiefe. Drei der Beteiligten waren komplett verschüttet. »Nur« drei, das war das unglaubliche Glück der Gruppe. Die anderen konnten gleich die Rettung einleiten, den Helikopter rufen und mit ihren LVS-Geräten die Suche nach den verschütteten Kameraden beginnen. Die Geschichte hatte ein glückliches Ende, alle überlebten und kamen mit kleinen Verletzungen und einem großen Schrecken davon. Und mit der Einsicht, dass der »Faktor Mensch«, wie es so schön heißt, eine sehr große Rolle spielt am Berg. Denn später erzählten alle Beteiligten, sie hätten ein schlechtes Bauchgefühl gehabt, gehadert, sich gefragt, ob der Hang nicht zu steil, der Schnee nicht zu auffällig wäre. Aber keiner hatte seine Gedanken und Befürchtungen mit den anderen geteilt. Der Gruppenzwang ließ sie weiter aufsteigen. Die Lehre daraus: Wenn Du mit mehreren Leuten im Gebirge unterwegs bist und ihr in eine Situation kommt, in der Du Dich nicht wohlfühlst oder die Du gar als gefährlich einstufst, dann sag das sofort. Handle für Dich richtig und versuche, die anderen davon zu überzeugen. Trau Dich, Nein zu sagen. Ja, es ist vielleicht schon hundertmal gut gegangen. Aber dieses eine Mal vielleicht nicht. Auch wenn es Mut braucht, abzubrechen, ab- oder gar auszusteigen: Höre auf Dein Bauchgefühl und Deine Erfahrung. Das ist immer der richtige Weg.

In Gruppen gibt der Schwächste das Tempo vor.

77 Höhenangst
Der tiefe Fall

Es ist wohl eine der nachvollziehbarsten Angststörungen: Akrophobie oder Höhenangst. Wer darunter leidet, ist alles andere als schwindelfrei, sondern fürchtet sich vor dem Aufenthalt in der Höhe. Einige Quellen gehen davon aus, dass sogar jeder Fünfte darunter leidet. Die Angst bricht zwar meist auch bei Hochhäusern, Leitern oder Balkonen aus, besonders ausgeprägt ist sie aber bei vielen beim Gedanken an Berggipfel.

Zunächst sei gesagt, dass Höhenangst eigentlich ganz normal ist. Es ist ein Reflex, der uns Menschen schon oft dienlich war und uns vor unnötigen Gefahren bewahrt hat. Es ist für unseren Körper halt erst mal nicht Standard, über einen schmalen Grat zu balancieren und links und rechts in den Abgrund zu blicken. »Spinnst Du? Bleib sofort stehen«, scheint er zu rufen. Wer keine Höhenangst hat, kann diese Gedanken und Gefühle kontrollieren. Doch wer krankhaft unter Akrophobie leidet, schafft dies nicht. Die Störung ist für die Betroffenen oft sehr belastend.

Typische Symptome für Höhenangst sind Schweißausbrüche, Übelkeit, Brustenge, starkes Zittern oder Atemnot. Das Herz rast, der Stand wird unsicher. Manche Menschen reagieren gar mit einer Panikattacke. Die gute Nach-

richt ist: Höhenangst lässt sich behandeln. Bei starker Ausprägung empfiehlt sich eine Therapie in Zusammenarbeit mit Profis. Leidest Du nur unter einer leichten Höhenangst, so können folgende Tipps Dich vielleicht unterstützen.

Ziel ist es, dass Du Deine Aufmerksamkeit selber kontrollieren kannst und regelmäßig atmest. Merkst Du unterwegs, dass Du Dich unwohl fühlst, vertiefe Deinen Atem. Ganz laut und regelmäßig sollte er jetzt sein. Bist Du nicht allein unterwegs, können auch Deine Mitwanderer diese tiefe Atmung übernehmen. Nun schnaube einmal lange wie ein Pferd. Das entspannt ebenso, wie das Ausschütteln von Armen und Beinen an einem guten Standplatz. Spanne nun einzelne Muskelpartien fest an, aber nur ganz kurz. Nimm dann die Entspannung bewusst wahr. Menschen, die unter Höhenangst leiden, malen sich in der Höhe immer den absoluten Worst Case aus. Also im Fall einer Bergwanderung den tödlichen Absturz. Um den Kopf von diesen Gruselgedanken wegzulocken, musst Du Deine Aufmerksamkeit auf etwas anderes lenken. Das klappt oftmals besser, wenn Du eine sichere Person dabeihast, die Dich anleitet. Das nächste Ziel muss immer direkt wenige Meter vor Dir liegen, der nächste Fels, die kleine Kuppe. »Achte auf Deine Atmung. Nur ein- und ausatmen. Ganz tief. Wenn wir an dem Felsen sind, setzen wir uns dort hin.«

Für die einen Herausforderung, für andere unüberwindbares Hindernis: eine luftige Hängebrücke

78 Steinschlag
»Rolling stones« und Rinnen-Pausen

Ich weiß gar nicht, wie oft ich schon Wanderer in Felsrinnen sitzend gesehen habe, gerade gemütlich ihre Brotzeit auspackend. Die Fragen »Was ist über mir, ist dies ein guter Pausenplatz«, die haben sich die Gutgläubigen offensichtlich nicht gestellt. Denn in einer schmalen Rinne ist es selten passend für eine gemütliche Brotzeit. Es ist klassisches Steinschlaggelände. Und das solltest Du schnellstmöglich hinter Dich bringen, statt dort zu verweilen. Auch Schutthänge oder Moränenflanken sind anfällig, besonders nach starken Regenfällen oder Temperaturschwankungen. Durch das Abschmelzen des Permafrostes infolge der Klimakrise wird die Steinschlaggefahr stark zunehmen. Ein weiterer häufiger Auslöser sind andere Wanderer. Darum solltest Du immer auf eine saubere Gehtechnik achten und keinesfalls fahrlässig Steinschlag auslösen. Beobachte andere Wanderer, vor allem Gruppen, die über Dir unterwegs sind. Vermeide diese Situation, wenn möglich, ganz. Kommt es doch mal dazu, dass Du einen Stein oder gar mehrere lostrittst, gibt es nur ein korrektes Wort, dass Du so laut Du kannst nach unten brüllst, und das ist »Stein!« Nicht »Vorsicht« oder »Achtung« oder Ähnliches, sondern wirklich nur »Stein«. Das ist wichtig, damit die unter Dir Laufenden richtig reagieren können. Richtig heißt in diesem Fall, sich möglichst nah an den Felsen, bestenfalls sogar unter einen Felsen oder Baum, zu drücken. So gut wie möglich den

Solche Warnschilder unbedingt beachten!

Kopf schützen, mindestens mit den Händen, falls noch möglich mit dem Rucksack. Auf keinen Fall solltest Du den Blick nach oben wenden, auch wenn das die übliche erste Reaktion ist. Doch damit erhöhst Du unter Umständen die Gefahr einer Kopfverletzung.

79 Bergrettung
Helfende Engel

Beim Planen und Umsetzen einer so wunderbaren Idee wie einer Alpen-überquerung mag man sich eigentlich gar nicht mit den negativen Szenari-en auseinandersetzen. Doch auch wenn alles gut durchdacht ist, Erfahrung

und Bedingungen zusammenpassen, kann es passieren, dass Du externe Hilfe benötigst. Dass Du – oder ein Mitwanderer – verletzt bist.

Wenn es das Wetter erlaubt und/oder die Verletzungen es erfordern, wird eine Helikopterrettung durchgeführt. Wenn Du Dich gerade nicht um einen Verletzten kümmern musst, kannst Du dafür einige Kleinigkeiten

Zu Fuß, mit dem Auto oder mit dem Hubschrauber: Die Bergretter versuchen auf allen Wegen, zum Verletzten zu gelangen.

erledigen, die diese Rettung erleichtern. Sichere lose Gegenstände wie Rucksäcke, Jacken oder Mützen. Sie würden sonst aufgewirbelt werden und könnten in den Rotor des Helikopters geraten. Wenn Schnee liegt, kannst Du diesen auf einer Fläche von mindestens vier mal vier Metern festtreten, so wird er weniger aufgewirbelt. Hilfreich ist auch, wenn Du mit dem Rücken zum Wind stehst und Dich während der Landung nicht bewegst. So bist Du ein guter Bezugspunkt für den Piloten, der im aufgewirbelten Staub oder Schnee sonst schnell die Orientierung verliert. Kommt ein Hubschrauber geflogen, signalisierst Du mit einem »Y« für »Yes« (beide Arme ausgebreitet nach oben in die Höhe gestreckt), dass Du Hilfe brauchst, mit einem »N« für »No« (ein Arm nach oben in die Höhe gestreckt, der andere nach unten zeigend), dass keine Landung notwendig ist. Wenn das Wetter und/oder der Standort und die Verletzung keine Luftrettung möglich machen oder erfordern, rückt die Bergrettung zu Fuß aus, um Dir zu helfen. Oft unter miesen Bedingungen, bei denen die Helfer ihre eigene Gesundheit aufs Spiel setzen.

Taxi-Ruf-Mentalität Mit Daniel Thönig, Einsatzleiter der Bergrettung in Landeck, habe ich mich lange über seine Arbeit unterhalten. Sein Einsatzgebiet ist deckungsgleich mit dem E5, reicht von der Seescharte bis zum Venet. In diesen Abschnitt fällt auch der gefürchtete Abstieg mit 1700 Höhenmetern nach Zams. »Sicherlich 50 Prozent der Notrufe, die uns vom E5 erreichen, beruhen auf der klassischen Erschöpfung, dem Gefühl, es nicht mehr packen zu können«, sagt Thönig. »Aber wir werden zunehmend auch wegen Kleinigkeiten gerufen«, bedauert der Bergretter. Wenn die Blase am Fuß schmerzt, oder die Knie der langen Belastung nicht gewachsen sind. Auch bei Angst vor ausgesetzten Passagen greifen viele wie selbstverständlich zum Telefon. Das ärgert Thönig. »Wir als Alpinisten versuchen doch, die uns bekannten Risiken in den Bergen zu minimieren. Wir halten uns körperlich fit, bereiten uns mit einer guten Planung auf die Tour vor. Ich erlebe aber immer mehr eine andere Mentalität: Da laufen Leute, die sich überhaupt nicht mit dem Weg auseinandergesetzt haben und den Anforderungen nicht gewachsen sind.« Daniel erzählt Geschichten, die einen mit offenem Mund zurücklassen. Etwa von dem 25-Jährigen, der um 8 Uhr morgens von der Hütte startete – bei Schneefall und schlechter Wettervorhersage. Zwei Stunden später setzte er einen Notruf ab. Er finde den Weg hinunter nicht, die Bergrettung solle ausrücken. Doch Thönig lenkte ein.

Zum Fliegen war das Wetter eh zu schlecht und dem Mann fehlte ja nichts. Per Telefon leitete Daniel Thönig den Mann hinunter. Alle 30 Minuten rief er an, um zu prüfen, wie es ihm geht. Als der Wanderer sogar eine Bergschulgruppe, die ihn mit ins Tal nehmen wollte, wegschickte und weiter nach der Bergrettung verlangte, platzte Thönig der Kragen. »Du hast Dich für das Abenteuer entschieden, jetzt bekommst Du es auch«, sagte er und navigierte den Trotzkopf weiter hinunter. Dieser kam schließlich stolz im Tal an und bedankte sich bei Thönig für die Navigation. »Mit Bergrettung hat so was nicht mehr viel zu tun. Ich urteile ja nicht, bin selbst gern am Berg und weiß, dass man auch mal die falsche Entscheidung trifft. Aber so mit Ansage, ohne Plan B und ohne Selbstverantwortung, das ist etwas anderes.« Während der Transalp-Saison werden Thönig und seine Kollegen im Durchschnitt zwei Mal pro Woche gerufen. »Notruf

ist Notruf, und wenn es heißt, es sei jemand abgestürzt, dann setzen wir natürlich alle Hebel in Bewegung«, sagt er. »Aber es ist schon demotivierend, wenn sich die vermeintlichen Notfälle vor Ort immer öfter als Lappalien herausstellen. Es ist schwer, die Motivation der Bergretter-Mannschaft dann stets auf hohem Niveau zu halten.«

An die Retter denken Was einigen offenbar ganz egal ist, wenn sie den Notruf wählen: Auch die Retter begeben sich je nach Einsatzort und Verhältnissen in Gefahr. »Einmal wurden wir zu einem Unfall gerufen, sind in einer wirklichen Harakiri-Aktion mit dem Helikopter rauf und haben die Person unter für uns schwierigen Bedingungen geborgen. Dann stellte sich heraus, dass derjenige nur ausgerutscht war und ein Ziehen im Knie hatte. Drei Stunden später spazierte er wieder aus der Klinik und ist am Folgetag die nächste Etappe gewandert. Da hält sich mein Verständnis in Grenzen.« Was sich die Bergretter wünschen? Das sich die Wanderer besser auf ihr Abenteuer vorbereiten. »Viele Leute haben zwar die beste Ausrüstung, sind körperlich aber in schlechter Verfassung. Kondition und Erfahrung kann man eben nicht beim Outdoor-Ausstatter kaufen.«

Blasen

Die Salamischeibe an meinem Fuß

Ich möchte behaupten, mindestens die Hälfte aller Alpenüberquerer erwischt es. Früher oder später. An der Hacke, am kleinen Zeh, manchmal gar am Ballen. Gesehen habe ich schon alle Ausprägungen: Von der leicht gewölbten, aber noch intakten Haut, über das Modell »Mir steht das Wasser bis zum Hals« bis zur blutig-roten Wunde in Salamischeibengröße. Die Rede ist von Blasen. Wenn der Schuh nicht passt, die Socken verrutscht sind oder nass werden, machen sich die ungeliebten Gesellen breit. Und können im schlimmsten Fall dafür sorgen, dass Du Deine Tour abbrechen musst. Das Zauberwort heißt im Fall von Blasen also Prophylaxe. Dass Du nur mit einem perfekt passenden, gut eingelaufenen Schuh losziehst, der den Zehen auch beim Bergablauf Platz bietet, gleichzeitig der Ferse Halt gibt und weder drückt noch scheuert, ist Grundvoraussetzung für eine blasenfreie Tour. Wenn Du unterwegs bist, solltest Du jeden Tag akribisch genau Deine Socken und Schuhe anziehen.

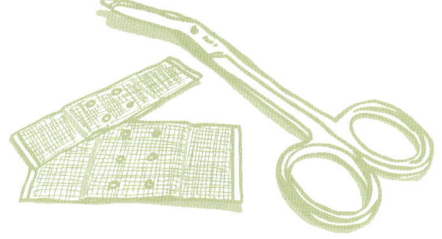

Achte darauf, dass die Füße – und Socken – sauber und trocken sind. So verlockend zwischendurch ein Fußbad im Fluss sein mag – ich kann davon nur abraten. Es sei denn, Du legst danach eine Pause ein, in der Deine Füße wirklich komplett trocknen können. Ansonsten sind die feuchten Mauken eine 1A-Einladung für Blasen. Wenn Du weißt, dass Du an der einen oder anderen Stelle empfindlich bist, kannst Du vorbeugend Tape aufkleben oder Hirschtalg benutzen. Einige erfahrene Fernwanderer schwören auch darauf, unter der Wandersocke einen Nylonstrumpf zu tragen. Mir persönlich reichen gute Wandersocken. Schon zu spät? Dann helfen Blasenpflaster am besten. Abgelöste Haut vorsichtig und in Begleitung von Desinfektionsspray entfernen, damit sie nicht weiter scheuert.

Schon beim ersten Schmerz sollten Blasen verarztet werden.

81 Muskelkater

Brennende Oberschenkel und schmerzende Hinterteile

Ist man gerade selbst nicht betroffen, gibt es kaum etwas Amüsanteres, als einen Menschen mit Muskelkater beim morgendlichen Aufstehen und dem Gang in die Hüttenstube zu beobachten. Ebenfalls sehenswert ist der vorabendliche Kampf gegen den sich nähernden Kater… Dann riecht die Hütte wie ein Sanatorium. Es werden Arnika-Globuli in rauen Mengen geschluckt, diverse Cremes in allerlei Farben aufgetragen, Kinesio-Tapes angebracht und Massagen unter Mitwanderern verteilt.

Meistens ist es der Abstieg, der uns als Geschenk den späteren Kater mitgibt. Biologisch handelt es sich dabei um winzige Verletzungen der Muskeln mit Mikrofaserrissen und Entzündungen. Es dringt Wasser ein, die Muskeln schwellen an. Tatsächlich ist es also eine Mini-Verletzung, von der die Rede ist. Aber was hilft denn nun gegen den unliebsamen Gast? Vermeiden kann man ihn eigentlich nur durch gute Vorbereitung. Wenn auch ein 1500 Meter langer Abstieg für Deine Muskeln nicht unbekannt ist, wirst Du auch keine Verletzungen davontragen. Wenn Du Dich normalerweise nur in der Ebene fortbewegst, wird es Dich erwischen. Vor allem, wenn Du bereits in den ersten Tagen Deiner Tour sehr lange und/oder sehr steile Abschnitte überwinden musst. Magnesium kann evtl. vorab vor Muskelkater schützen.

Ist der Muskelkater erstmal da, kannst Du ihn durch Wärme mildern. Falls Du gerade im Tal bist, kannst Du Dir vielleicht eine heiße Dusche, ein Bad oder sogar einen Saunagang gönnen. Am Berg helfen Cremes, die die Durchblutung fördern sollen. Massagen lockern die Muskeln. Aber bitte nicht zu doll! Das würde die Fasern noch mehr strapazieren. Die Hüttensause sollte ohne Dich steigen, wenn Du gerade an Muskelkater leidest. Denn Schlaf als intensive Ruhephase ist die beste Regeneration für Deinen Körper. Einen kompletten Ruhetag musst und solltest Du nicht einlegen. Denn etwas moderate Bewegung ist für Dich nun am besten. Vielleicht kannst Du am nächsten Tag die Etappe aber etwas entschärfen?

Heute Spaß, morgen Muskelkater.
Aber keine Sorge: ist auch schnell wieder vorbei.

82 Wetter und Prognosen
Wohl und Weh

Wenn man Artikel in Zeitschriften über Alpenüberquerungen liest oder sich Dokumentationen im Fernsehen ansieht, könnte man den Eindruck bekommen, jede Transalp würde von blauem Himmel mit fotogenen Schäfchenwolken, 20 Grad Lufttemperatur und wärmenden Sonnenstrahlen begleitet. Nur selten tauchen da Bilder auf von Wanderern, die sich gegen Sturmböen stemmen, bis auf die Unterhose durchnässt im Schuhraum der Hütte ankommen, verängstigt versuchen, dem Gewitter davonzulaufen oder im Hochsommer zitternd durch knietiefen Schnee stapfen. Schon oft habe ich mich gefragt, warum es diese Bilder nur so selten zu sehen gibt. Denn das ist ja kein Science-Fiction, sondern die Realität, mit der Du mit ziemlicher Sicherheit in sanfter oder krasser Form konfrontiert wirst, wenn Du mehrere Wochen über die Alpen wanderst. Oder, wenn Du Pech hast, auch bei einer Tour, die nur wenige Tage dauert.

Bei nahendem Gewitter am besten schnell einkehren

Gut informiert ist halb angekommen Das Wetter ist – neben dem eigenen Können – einer der bestimmenden Faktoren auf einer Alpenüberquerung. Wann immer Du Empfang hast, solltest Du Dich über die aktuelle Wetterlage informieren. Dies geht online sehr gut auf den Seiten der Alpenvereine (www.alpenverein.de/bergwetter, www.alpenverein.at/portal/wetter) oder der Zentralanstalt Meteorologie und Geodynamik, der ZAMG, unter www.zamg.ac.at. Eine gute Quelle für den aktuellen Wetterbericht sind auch die Hüttenwirte. Viele von ihnen hängen die tagesaktuellen Prognosen aus. Sie können Dir auch wertvolle Tipps für Alternativrouten geben, denn gerade ausgesetzte Stellen, Höhenwege oder anspruchsvolle Felspassagen sollten nur bei stabiler Wetterlage begangen werden. Wer einmal im Gewitter auf einem Grat unterwegs gewesen ist, oder im Regen die Felsen hinuntergeschlittert ist, weiß, wovon die Rede ist.

Im Internet kursieren vor allem auf den allgemeineren Wetterseiten Vorhersagen für 14 Tage und länger. Das ist unseriös und vor allem in den Bergen, wo das Wetter genau wie am Meer in Minuten umschlagen kann, sinnlos. Eine Woche im Voraus können Großwetterlagen wie ausgeprägte Hochströmungen oder fiese Tiefausläufer ziemlich sicher vorhergesagt werden. Ob es genau Deinen Aufenthaltsort trifft, steht am Vortag recht zuverlässig fest. Halte nicht krampfhaft an Deiner Planung fest, sondern bleib flexibel!

Alle Köpfe gehen hoch! Doch auch die beste Wettervorhersage entbindet Dich nicht von der Pflicht, die aktuelle, lokale Entwicklung zu beobachten. Bei unsicherer Lage sollte Dein Blick regelmäßig zum Himmel wandern. Wenn Du das Wetter-Einmaleins beherrscht, kannst Du darin lesen, wie in einem Buch. So zeigen Dir flache Haufenwolken Schönwetter an. Werden sie aber immer höher, steht ein Gewitter vor der Tür. Spätestens wenn diese Wolken höher als breit und oben ambossartig sind, solltest Du schnellstens Unterschlupf suchen. Trägt die Sonne einen Ring (Halo) kündigt sich – meist allerdings erst für den nächsten Tag – schlechteres Wetter an. Ebenso ist die Bauernregel »Morgenrot gleich Bergsteigertod« oft zutreffend. Denn wenn die Sonne im Osten einen mit Eiswolken (Cirrostratus) bewölkten Himmel im Westen zum Glühen bringt, droht schlechtes Wetter. Morgenrot an einem wolkenlosen Himmel dagegen kündigt maximal ein Gewitter im Laufe des Tages an, keine massive Wetterverschlechterung.

83 Gewitter
Der Zorn der Götter

Daheim auf dem Sofa mögen sie wild-romantisch und beeindruckend sein. In den Bergen werden sie dagegen schnell beängstigend: Gewitter. Du solltest in jedem Fall versuchen, ihnen nicht im freien Gelände zu begegnen. Vor allem im Hochsommer entstehen die meisten Wärmegewitter in den Mittags- und Nachmittagsstunden. Es bietet sich also an, früh von der Hütte zu starten, um ihnen zu entgehen. Zudem ermöglicht Dir ein früher Start, dass Du Dich abends länger auf der Hütte regenerieren kannst. Es sind Gewitter angesagt und Du hast eine Gratetappe vor Dir? Dann solltest Du nach einem Alternativweg in Talnähe oder auf halber Höhe suchen. Denn bei Gewittern sind alle exponierten Stellen unbedingt zu meiden. Oder Du bleibst auf der Hütte, bis sich das Wetter beruhigt hat.

Grundsätzlich werden zwei Gewitterarten unterschieden: Wärmegewitter und Frontgewitter. Wärmegewitter sind jene, die sich meist in den Nachmittagsstunden und am frühen Abend entladen. Sie bilden sich nur bei Hochdrucklagen, wenn die Luft aufgeheizt ist und sich viel Feuchtigkeit in der Luft befindet. Dann kracht es ordentlich, allerdings meist nur kurz. Ein Wärmegewitter bringt zwar angenehm kühle Luft mit sich, bedeutet aber keinen Wetterumschwung. Wo genau diese Gewitter auftreten, ist kaum vorherzusagen. Sie kündigen sich allerdings schon oft in den Vormittagsstunden mit ersten Haufenwolken an, die für eine hohe Luftfeuchtigkeit sprechen. Je früher sie auftauchen, desto wahrscheinlicher ist ein Gewitter an diesem Tag. Wichtig für Flachlandbewohner und unerfahrene Berggeher: In den Bergen entwickeln sich Gewitter wesentlich schneller als in der Ebene, das dauert oft keine 20 Minuten.

Weniger harmlos als Wärmegewitter sind die Frontgewitter. Denn wie der Name schon sagt, sind sie meist Begleiter einer Kaltfront (gemeinsam mit einer Warmfront sind sie eher selten). Die feuchte, warme Luft wird von kalten Luftmassen verdrängt. Das bedeutet im Gebirge: Rasant schneller Wetterwechsel, massive Temperaturstürze (15 Grad und mehr sind keine Seltenheit), oftmals sintflutartiger Regen, Hagel oder Schneefall, Sturmböen. Frontgewitter können zu jeder Tages- und Nachtzeit auftreten, sie können allerdings – wenn auch kurzfristig – gut vorhergesagt werden. Meist leiten sie eine Schlechtwetterperiode ein.

Was tun bei Gewitter? Am besten solltest Du es komplett vermeiden, in ein Gewitter zu kommen. Die Begegnung mit einem Frontgewitter lässt sich bei genauer Beobachtung des Wetterberichts heutzutage nahezu ausschließen. Wenn Dich aber mal ein Wärmegewitter erwischt, solltest Du vor allem Ruhe bewahren – und die auch auf aufgeregte Mitwanderer übertragen. Denn in Hektik zu fliehen und sich dabei zu verletzen oder sogar abzustürzen, ist keine gute Alternative.

Wenn Du an einer ausgesetzten Stelle unterwegs bist, also auf Graten, Kuppen oder gar auf einem Gipfel, steige schnellstmöglich ab. Bist Du gerade in einem Bereich mit Drahtseilversicherungen oder gar in einem Klettersteig unterwegs, entferne Dich rasch von den Leitern und Seilen. Hier besteht sonst Lebensgefahr! Auch sämtliche Gegenstände aus Metall solltest Du ablegen und weit von Dir (mind. 25 Meter) lagern. Damit eine Höhle Dir ausreichend Schutz bieten kann, muss sie tief genug sein, mindestens eineinhalb Meter sollten es bis zum Ausgang sein. Ob in einer Höhle oder im freien Gelände gilt: Mach Dich so klein wie möglich! Dazu setzt Du Dich auf eine isolierende Unterlage (am besten den Rucksack), stellst die Füße eng zusammen, ziehst die Beine dicht an Deinen Körper und umschlingst sie. Wenn Du in einer Gruppe unterwegs bist, setzt Euch verstreut hin. Heuschober sind übrigens ebenso wie einzelne Bäume und Waldränder kein guter Ort, um ein Gewitter auszusitzen. In Biwakschachteln aus Metall (Achtung, nicht die Wände berühren!) und mitten im Wald bist Du dagegen gut geschützt.

84 Schnee
Vom Umgang mit dem schönen Weiß

Die Alpen sind das höchste Gebirge Europas. Kaum verwunderlich also, dass es hier im Winter ziemlich weiß wird. Aber eben nicht nur im Winter. Selbst in den Sommermonaten, der klassischen Alpenüberquerungszeit, musst Du immer mit Schneefällen rechnen. Auch mit ergiebigen, die Wegzeichnungen unter sich begraben, Dir die Sicht nehmen und den Einsatz von Mütze, Handschuhen, Gamaschen und Grödeln notwendig machen. Und ja, das kann auch im August der Fall sein. Wenn Du Deine Tour planst, bedenke, dass es zu Beginn der Saison im Juni auch noch sehr viel Altschnee gibt (vor allem ab Höhen um die 2000 Meter) und dass es zum Ende der Saison im Oktober bzw. Ende September bereits frische Schneefälle geben kann. Hast Du eine längere Transalp geplant, ist es also sinnvoll, die hohen Etappen über 2000 Meter in die voraussichtlich schneeärmsten Monate Juli und August zu legen. Mütze und Handschuhe gehören auch dann ins Gepäck. Die wärmen nämlich auch bei Wind oder in den kühlen Morgenstunden.

Übung macht den Meister Das Begehen von Schneefeldern erfordert ein wenig Übung. Zunächst einmal solltest Du unbedingt Handschuhe tragen, wenn Du Gelände begehst, auf dem Du ausrutschen könntest. Denn sollte es wirklich dazu kommen, ist das Bremsen mit der Liegestütztechnik ohne Handschuhe extrem schmerzhaft und kann zu schlimmen Verletzungen führen. Die besagte Technik, die Dich im Fall eines Sturzes schnell und sicher aufhält, kannst und solltest Du übrigens prima in geeignetem Gelände (ohne Steine, eine Auslaufzone in eine Mulde oder Verflachung) üben. Das macht – vor allem mit mehreren – großen Spaß.

Wenn Du ein Schneefeld begehen musst, suche Dir vorher eine geeignete Linie. Wenn Du die Wahl hast, weiter, aber dafür flacher zu gehen, solltest Du das tun. Wird das Gelände steiler, kannst Du entweder direkt in der Geraden hinaufgehen, oder Du wählst ein Zickzack für Deinen Aufstieg. Entscheidest Du Dich, in der Falllinie zu laufen, trittst Du Dir selber mit den Schuhspitzen Stufen. In aller Ruhe mit einem leichten Kick schwingst Du den Fuß in den Schnee, wenn Du einen guten Halt hast, belastest Du das Bein und führst das freie Bein nach oben. Achte darauf, dass Du keine zu großen Schritte machst. Das spart Energie und Du trittst die Stufen nicht so schnell aus. Übernimmt ein anderer Wanderer vor Dir die Spurarbeit und ist die Spur sinnvoll angelegt, so nutzt Du genau dieselbe Spur und verdichtest den Schnee so weiter. Achte darauf, dass Du sauber trittst und die Spur nicht kaputt machst. Beim Aufstieg im Zickzack wird eine andere Technik angewendet: Hier formst Du beim seitwärtigen Gehen mit dem Fuß eine sichelförmige Stufe.

Bei guten Verhältnissen sind Abstiege im Schnee schnell zu meistern: Ganz ohne Ski, nur auf Deinen Sohlen fährst Du den Hang hinunter. Das Gewicht liegt mittig, die Füße in leichter Schrittstellung, so gewinnst Du schnell an Geschwindigkeit. In eine unkontrollierte Abfahrt darf das Ganze aber nicht ausarten. Du solltest jederzeit bremsen können. Bedenke, dass sich auch die Schneebedingungen innerhalb weniger Meter verändern können und Du plötzlich nicht mehr im leichten Sulz, sondern im spiegelglatten Eis stehst. Ist ein Abfahren auf Sohlen nicht möglich, rammst Du stattdessen die Ferse mit steifen Beinen in den Hang, belastest den Fuß und setzt den anderen nach.

Auch das Gehen über kleine Restschneefelder will gelernt sein.

85 Zeit
Theorie und Wirklichkeit

»Ich habe ab dem 1. August eine Woche Urlaub, in der Zeit laufe ich über die Alpen.« Netter Plan. Kann klappen, muss aber nicht. Denn was passiert, wenn Du einen Tag pausieren musst? Entweder, weil Dir die Kraft ausge-

gangen ist, Du verletzt bist, es einfach irgendwo zu schön ist, um direkt weiterzugehen, oder Dir das Wetter einen Strich durch den knappen Zeitplan macht? Es gibt vielerlei Gründe, warum Touren unverhofft länger werden, als daheim mit der Karte geplant. Darum solltest Du auf jeden Fall Reservetage vorsehen. Ich empfehle mindestens einen »Jokertag« pro Woche. So kommst Du auch gar nicht erst in die Versuchung, bei miesen Bedingungen weiterzulaufen und Dich – und andere – in Gefahr zu bringen, bloß, weil Dein Zeitplan es Dir so diktiert.

Zeit spielt nicht nur bei der Planung daheim, sondern auch an jedem einzelnen Tourentag eine große Rolle. Du solltest die Gehzeiten für Deine tägliche Strecke kennen, wissen, ob sie für Dein individuelles Tempo zutreffen und ggf. anpassen. Plane zudem ausreichend Zeit für Pausen, Foto-Stopps etc. ein. Falls Du zwischendurch auf Transporte mit Taxi, Bus oder Bergbahn angewiesen bist, rechne auch damit, dass Du mal eine Abfahrt verpasst und warten musst. Ein früher Start empfiehlt sich eigentlich immer in den Bergen (es sei denn, es zieht schon morgens eine Schlechtwetterfront durch, dann können ein Start zur Mittagszeit und eine verkürzte Etappe ratsamer sein). So hast Du ausreichend Puffer und vermeidest, abends in die Dunkelheit zu kommen.

Auf einem Forstweg kommst Du schneller voran, als beim Anstieg im Geröll. Plane das mit ein.

86 Sex am Berg
Schäferstündchen in der Höhe

»Auf der Alm da gibt's koa Sünd«, heißt es ja so schön. Ein Spruch, den auch Flachlandtiroler gern beizeiten bemühen. Ja, es gibt die Abende, da wirst Du froh sein, es bis zur Hütte geschafft zu haben, alle viere von Dir strecken, es gerade noch so schaffen, ein gutes Mahl zu Dir zu nehmen und dann im Schlafsack zu verschwinden. Zudem tragen Massenlager nur bedingt zur Steigerung der Lust bei. Aber gerade bei langen Touren mit viel Zeit, kommt vielleicht irgendwann der Moment, in dem es Dich nach all der vertikalen Aktivität in die Horizontale zieht. Sei es mit Deiner Partnerin/Deinem Partner, mit dem Du unterwegs bist, oder einer neuen Bekanntschaft. Nun im Matratzenlager übereinander herzufallen oder in der Stubenecke loszufummeln, ist keine gute Idee. Selbst der Trockenraum ist nur semi-geeignet, wird er doch von spät ankommenden Gästen oder dem Hüttenwirt besucht. Mal davon abgesehen, dass es zwischen nassen Wollsocken und verschwitzten Funktionsshirts selten angenehm riecht. Empfohlen sei an dieser Stelle ein Schäferstündchen unter freiem Himmel. Im Schutze von großen Felsen und Bäumen lässt es sich ungestört »schnackseln«. Hilfreich ist eine weiche Unterlage, die von unten gegen Nässe geschützt ist. Bei entsprechenden Ambitionen ist bei der Packliste ggf. auf den Punkt Kondome zu achten.

Unterwegs trinken

Darauf einen Schluck!

Wer sich anstrengt, muss viel trinken. Darin sind sich wohl alle Wanderer einig. Beim »Wie« allerdings gibt's verschiedene Trinkphilosophien. Während die einen auf die gute alte Isoflasche schwören, sind für die anderen die sogenannten Trinkblasen das Nonplusultra. Diese Blasen, die innen am Rücken des Rucksacks verstaut werden, haben verschiedene Vorteile. Und die beginnen schon vor dem ersten Schluck: Die Blasen sind nämlich deutlich leichter als Flaschen. Der nächste Pluspunkt ist, dass Du Dein Getränk immer sofort parat hast, wenn Du Durst bekommst. Das lästige Absetzen des Rucksacks, Suchen der Flasche und erneutes Aufsetzen des Rucksacks, entfällt. Du brauchst nicht mal anzuhalten, um einen Schluck zu nehmen. Somit kannst Du auch in schwierigerem Gelände Deinen Durst ohne Probleme stillen. Vor allem, wenn Du öfters in Gruppen unterwegs bist, sind die Trinksysteme ideal, weil ständige individuell getimte Trinkpausen entfallen. Nachteile dieser Blasen: Da sie ja im Rucksack verstaut sind, kannst Du schlecht erkennen, wie gut sie noch gefüllt sind. Die Sorge, dass die Blasen undicht sind, ist dagegen unnötig. Hochwertige,

neue Produkte halten alle dicht. Was allerdings stimmt: Die Reinigung ist etwas aufwendiger. Denn dazu muss man die Trinkblase mit heißem, nicht kochendem Wasser ausspülen und die Ecken und den Trinkschlauch mit einer Schlauchbürste reinigen. Wer Saft statt Wasser in die Trinkblase gefüllt hat, sollte zudem Spülmittel hinzufügen, um Schimmelbildung zu vermeiden.

Romantisch ist es in den Bergen allemal! Da fühlt sich mancher zu mehr motiviert…

88 Snacks für unterwegs
Von Nüssen, Schoki und Isodrinks

Gerade auf den langen Alpenüberquerungen wirst Du Etappen haben, an denen Du zwischen dem Start am Morgen bis zur Ankunft am Tagesziel nur Natur um Dich hast. Vielleicht begegnest Du noch einigen anderen Wanderern, aber weder eine Hütte, noch eine bewirtschaftete Alm, ein Dorf

Trockenobst und Nüsse geben Energie für die nächste Etappe.

oder ein Imbisswagen liegen am Weg. Doch das Frühstück vom Morgen ist meist schnell verdaut, die Anstrengungen sind hoch, der Magen knurrt. Schließlich ist der Kalorienverbrauch beim Wandern höher als beim Joggen in der Ebene. Für solche Gelegenheiten solltest Du immer einige Snacks im Rucksack dabeihaben.

Die einen so, die anderen so An der Ernährung während einer Wanderung scheiden sich die Geister. Die einen bauen kompromisslos auf Energieriegel und -drinks, auf isotonische Getränke und ausschließlich leichte Kost. Wer's traditioneller mag, holt bei der Mittagsrast belegte Semmeln, ein Stück stinkigen Bergkäse oder eine Salami aus dem Rucksack. Irgendwo dazwischen ordnen sich die »Eichhörnchen-Wanderer« ein, deren Spur von Schalen sämtlicher Nüsse und Körner gesäumt ist, die sie knabbern. Die Naschkatzen halten sich mittags an eine ehrliche Tafel Schokolade, die den Blutzuckerspiegel sicher bis zur Ankunft am Ziel hochtreibt.

Schoki siegt! Tatsächlich habe ich es schon erlebt, dass ein Schokoriegel eine ganze Tour retten kann. Nämlich dann, wenn der Körper zwar Erschöpfung signalisiert, es aber vor allem der Kopf ist, der streikt und keinen Schritt weiter will. Ein Stück Schokolade, einige aufmunternde Worte, eine Runde Beine hochlegen oder eine kurze Fußmassage, und plötzlich findet sich doch noch ein verstecktes Energiedepot, das angezapft werden kann. Auch nach kleineren Unfällen, wenn der Betroffene zwar nicht unter Schock steht, aber doch ein wenig neben der Spur ist, wirkt Schokolade Wunder. Ich habe jedenfalls auf den meisten Touren (außer im absoluten Hochsommer) eine dabei.

Insgesamt muss man aber sagen, dass entscheidend für den Erhalt der Leistungsfähigkeit am Berg eher ausreichend Flüssigkeit ist. Zu viel trinken kann man während einer Tour nicht. Am besten eignen sich Wasser oder Apfelschorle. An besonders heißen Tagen – und zur Vorbeugung von Muskelkater – kannst Du auch eine Magnesium-Brausetablette in Dein Trinkwasser werfen.

Am Abend dann solltest Du Deine Speicher mit reichlich Kohlenhydraten in Form von Pasta, Reis oder Kartoffeln auffüllen. Beim Alkohol solltest Du dagegen zurückhaltend sein. Er lässt Dich am Berg noch schlechter als im Tal schlafen, verlangsamt die Erholung und sorgt mitunter für einen Dröhnschädel.

89 Die Gams
Kletterprofi mit kurzen Hörnern

Sie kommt etwas bescheidener daher, als die Steinböcke mit ihrem prächtigen Geweih. Doch nur beim Kopfschmuck ist die Gams unterlegen. Ansonsten passt sie sich noch flexibler ihrer Umgebung an als der Steinbock. Geführt von einem weiblichen Leittier sind Gämsen in Rudeln von bis zu 30 Tieren unterwegs.

Für die Brunftzeit im November stoßen die Böcke hinzu, die sonst als Einzelgänger die Berge durchstreifen. Im Frühsommer werden dann die

niedlichen Kitze geboren, die über Felsen und Wiesen springen. Schon als Winzlinge sind die Paarhufer mit den leistungsstarken Herzen ausgesprochen gute Kletterer. Ich erinnere mich an so manchen frustrierten Wandergast, der schnaufend beim Aufstieg neidisch auf die mühelos emporkletternden Tiere schaute. Sehr wahrscheinlich wirst Du auf Deiner Alpenüberquerung Gämsen begegnen. Ganz nah ran kommst Du ihnen jedoch nie. Die Tiere sind sehr scheu, vielleicht, weil sie früher so extrem bejagt wurden. Wegen ihres Fleisches, ihrer Hörner, vor allem aber auch wegen des Gamsbarts. Den trug jeder Bergbewohner oder Tourist am Hut. Er wird aus den Haaren des dunklen Aalstrichs gefertigt, den die Tiere auf dem Rücken tragen. Auch heute noch wird der Bestand bejagt.

Allein in Österreich werden pro Jahr ca. 20 000 Stück geschossen, um Waldbiss zu vermeiden. Doch nicht nur die Menschen, sondern auch der Winter macht den Gämsen zu schaffen. Ist er lang und hart oder konnten sich die Tiere im Sommer nicht ausreichend Fettreserven anfressen, überleben viele den Winter nicht. Und das, obwohl Gämsen über ein pfiffiges Energiesparsystem verfügen. 2012 wurden sie zum »Wildtier des Jahres« gekürt.

Alpensteinbock

Dem König sei Dank!

Dürfte man in einem Quiz nur einen einzigen typischen Bewohner der Alpen nennen, die meisten würden wahrscheinlich den Steinbock aufzählen. Sinnbild für die Freiheit in den Bergen, wird er heute gern von Touristikern bemüht. Dabei hätten die Menschen ihn einst beinahe ausgerottet. Anfang des 19. Jahrhunderts war die Art ausgestorben.

Fast! Im italienischen Gran-Paradiso-Gebiet lebten die letzten 100 Tiere. Ab 1821 wurden sie unter Schutz gestellt und es ist König Viktor Emanuel II. von Sardinien-Piemont zu verdanken, dass sich die Tiere so gut erholten. Er stellte Wildhüter ein, die Wilderer abschrecken sollten und so wuchs der Bestand auf 3000 Steinböcke zum Ende des 19. Jahrhunderts an.

Durch umfangreiche Wiederansiedlungsprogramme ist der Steinbock heute an einigen Orten in den Alpen zurückgekehrt. Etwa 45 000 Tiere umfasst heute die Population – alles Nachkommen der 100 königlichen Steinböcke.

Wenn Du das Glück hast, einem von ihnen zu begegnen (bzw. einem Rudel, denn nur die alten Böcke sind als Einzelgänger unterwegs), darfst Du dieses Treffen wahrscheinlich ausführlich genießen. Als wüssten die Tiere, das vom Menschen keine Gefahr mehr ausgeht, sind sie wenig scheu und lassen sich geduldig aus der Nähe betrachten. Vor allem das gebogene Gehörn der Böcke, das bis zu einem Meter Länge erreichen kann, ist jedes Foto wert.

91 Murmeltier
Tiefschläfer mit Niedlichkeitsbonus

Wahrscheinlich habe ich auf meinen Touren schon Hunderte von ihnen gesehen. Dennoch muss ich beim Anblick jedes Einzelnen wieder vergnügt schmunzeln. Alpenmurmeltiere sind einfach zu putzig mit ihren kurzen Beinen, den speckigen Hüften, auf die sie sich über den ganzen Sommer schamlos das Fett angefuttert haben, und den Knopfaugen. Wenn sie sich dann auf die Hinterbeine stellen und pfeifend die Familienmitglieder vor drohender Gefahr warnen, ist es selbst um hartgesottene, fürs Kindchenschema sonst vollkommen unanfällige, harte Kerle geschehen. Vielleicht beneiden wir die Nager auch einfach um ihre Lebensweise. Die besteht nämlich zum großen Teil aus Schlaf. Auf etwa 19 Stunden pro Tag bringen sie es. Die restlichen Stunden wird gefuttert, was das Zeug hält. Schließlich haben die possierlichen Nager nur wenige Monate Zeit, um sich ausreichend Fettreserven für den Winter anzufressen. Wenn die Tage dann immer kürzer und kälter werden, verziehen sich die Murmel mit ihrer Familie, die bis zu 20 Mitglieder umfassen kann, in die unterirdischen Bauten an sonnigen Hängen. Dieses Tunnelsystem umfasst bis zu 70 Meter Länge. Etwa sieben bis neun Monate wird hier geratzt. Die Nestkammern liegen mehrere Meter unterhalb der Erde, Eingänge werden mit einem großen Pfropf

verschlossen. Während des Winterschlafs sinkt die Körpertemperatur der Tiere bis unter fünf Grad. Sie atmen nur noch zweimal pro Minute, und der Herzschlag verlangsamt sich von 200 auf etwa 20 Schläge. So lässt sich effizient durch den Winter kommen.

Übrigens signalisiert nur ein einzelner lang gezogener Pfiff ernsthafte Gefahr. Etwa, wenn der Feind Nummer eins, der Steinadler, im Anflug ist. Eine Gruppe aufdringlicher, aber harmloser Wanderer wird eher mit einer Reihe kurzer Pfiffe angekündigt.

Sympathieträger: Murmeltier

Alpensalamander

Alles andere als gewöhnlich

Mag's gerne nass: der Alpensalamander

Das Gute an einem Regentag in den Bergen? Er treibt Bewohner auf die Wege, die sich sonst gern versteckt halten. Dazu zählt auch dieser kleine Kerl im lackschwarzen Outfit, der sich hauptsächlich von Würmern und Schnecken ernährt. Der Alpensalamander liebt es nass. Je höher die Luftfeuchtigkeit, desto wahrscheinlicher ist es, dass Du dem sonst nachtaktiven Tier begegnest. Dieser Schwanzlurch ist ein merkwürdiger Gesell. Und das geht schon vor seiner Geburt los! Nicht nur, dass die Weibchen die Spermien bis zu zwei Jahre lang befruchtungsunfähig in speziellen Samentaschen speichern können und die Entwicklung der Larve in hohen Lagen bis zu fünf Jahre dauern kann – die Alpensalamander zeigen sich auch noch vollkommen unbeeindruckt davon, dass die meisten ihrer Amphibienkollegen Laich in Gewässern ablegen. Sie bringen stattdessen voll entwickelte, lungenatmende Jungtiere zur Welt. Anders als der Feuer- ist der Alpensalamander auch nicht auf ein Gewässer angewiesen. Wenn es kühl wird in den Bergen und der Winter Einzug hält, machen es sich die wechselwarmen Tiere in geschützten Höhlen und Spalten gemütlich. Für etwa sieben Monate verfallen die Salamander in eine Winterstarre. Ihre Körpertemperatur sinkt, ein Herzschlag pro Minute reicht ihnen aus, um zu überleben.

93 Vögel der Alpen
Was piept denn da?

Bergführern wird gern nachgesagt, sie hätten auf jedem Gipfel eine Dohle… Über Treue oder Untreue wollen wir hier nicht diskutieren, aber tatsächlich wirst Du an den meisten Gipfeln die neugierigen Dohlen treffen. Während Du rastest, hüpfen sie gern ganz unauffällig immer näher heran, um Dir dann ein Stück Deiner Brotzeit zu klauen. Alpendohlen sind absolute Bergfans. Du findest sie auf Deiner Transalp ebenso wie bei einem Besuch im Himalaya. Und solltest Du es mal zum Mount Everest schaffen: Selbst dort, in über 8000 Metern Höhe, sollen sie schon beobachtet worden sein. Die geselligen Tiere sind Extremsportler: Mit bis zu 200 Stundenkilometern können sie sich in die Tiefe stürzen und stundenlang im Aufwind segeln. Um noch mal auf die Bergführer-Nachrede zurückzukommen: Die Dohlen selbst sind monogam und bleiben sich bis zum Tod treu.

Steinadler Er ist vielleicht der bekannteste gefiederte Alpenbewohner. Früher war der Greifvogel in ganz Europa weitverbreitet. Doch nachdem er intensiv gejagt wurde, kommt er fast nur noch in den Bergen vor. In Deutschland brüten Steinadler ausschließlich noch in den Alpen. Das Verhältnis des Menschen zum Steinadler war schon immer zweischneidig. Auf der einen Seite huldigten sie ihm als »König der Lüfte«, auf der anderen Seite war er ein verhasster Jäger, der es auf ihre Nutztiere abgesehen hatte. Deshalb wurden nicht nur die erwachsenen Tiere gejagt, vielerorts holte man auch schon die Eier aus den Nestern. Auf dieser Tatsache basiert auch die Geschichte der Geier-Wally. In dem Roman von Wilhelmine von Hillern aus dem Jahr 1873 wird das Leben der Tirolerin Anna Steiner-Knittel verarbeitet. Anna lebte im Lechtal. Dort war es damals üblich, Adlerhorste auszunehmen, um Attacken der Vögel auf die wertvollen Schafherden zu unterbinden. Doch hatte es im Jahr zuvor beinahe ein schlimmes Unglück gegeben, und so fand sich kein Freiwilliger, um diese schwierige Aufgabe zu übernehmen. Kurzerhand erklärte sich die 17-jährige Anna bereit und ließ sich an einem Seil zu dem Horst in den Saxerwänden hinab. Dort kommst Du vorbei, wenn Du die Alpen auf der Route Bodensee–Verona bzw. Oberstdorf–Meran überquerst. Heute gelten Steinadler übrigens als nicht mehr gefährdet. Doch es hat ge-

Der Bartgeier ist noch immer stark gefährdet.

dauert, bis der Mensch kapiert hatte, worum es geht. In den Bayerischen Alpen war es zum Beispiel so, dass bis Anfang der 1990er-Jahre immer mehr Adlerpaare beobachtet wurden, die ihre Nester oder gar die bereits geschlüpften Jungen aufgaben. Schuld daran waren Hubschrauber oder Gleitschirmflieger, die zu nahe an die Horste flogen. Seit Einführung des Artenhilfsprogramms Ende der 1990er-Jahre hat sich auch der bayerische Bestand erholt.

Bartgeier Er ist der imposanteste Vogel der Alpen. Mit fast drei Metern Flügelspannweite ist er einer der größten Flugvögel der Welt – und zumindest in Europa auch einer der seltensten. Nur etwa 250 Brutpaare gibt es auf unserem Kontinent. 1913 wurde der letzte Bartgeier der Alpen im Aostatal erschossen. Erst 70 Jahre später begann der Alpenzoo Innsbruck ein einzigartiges Wiederansiedlungsprojekt im Nationalpark Hohe Tauern. Mit Erfolg! Seither sind über 100 Bartgeier in Freiheit geboren worden. Die Tiere sind ganz spezielle Gesellen. Nicht nur, weil sie sich fast ausschließlich von den Knochen toter Tiere ernähren, die sie mit Karacho auf Felsen krachen lassen, um sie zu zerkleinern, sondern auch, weil sie sich liebend gern in eisenoxidhaltigen Schlamm schmeißen. Tatsächlich suchen die Tiere sich ihr Zuhause – das pro Paar durchaus eine Fläche von 100 bis 400 Quadratkilometern umspannen kann – danach aus, ob es dort eine sogenannte »Rotbadestelle« gibt. An diesen Stellen färben sich die Geier ihr Gefieder rötlich. Warum sie das tun? Darüber gibt's nur Vermutungen, die von Verschleißschutz für das Gefieder bis zur Wärmeregulierung reichen.

94 Enzian
Das schönste Blau. Oder Gelb.

Es ist ein Blauton, den nur die Natur malen kann: Enzianblau. Neben Edelweiß und Alpenrose gehört auch er zur Bergblumenprominenz. Der lateinische Name *Gentiana* soll von Gentius, dem König von Illyrien, abstammen, der die Heilwirkung dieser Pflanzen entdeckt haben soll. Weltweit gibt es etwa 400 Arten. Auf Deiner Alpenüberquerung kannst Du je nach Route durchaus 20 verschiedene sehen, denn der Enzian zählt zu den artenreichsten Bergblumen.

Einer davon ist der Stängellose Enzian. Streng genommen stimmt der Name nicht, denn die Pflanze hat natürlich durchaus einen Stängel. Der ist aber tatsächlich so kurz, dass er ihr einfach aberkannt wurde. Etwa von Mai bis August streckt der Stängellose Enzian seine Kelchblüten in den Alpenhimmel. Aber nur, solange dieser blau ist. Bei Regen oder sinkenden Temperaturen schließt sich die Blüte und senkt sich gen Boden. Diese Enzianart findet man gern auf Omas Sonntagsgeschirr, oder auf einigen Enzian-Schnapsflaschen. Dabei wird der aus dem gelben Enzian gewonnen, aber dazu später.

Ein weiterer häufiger Enzianvertreter ist der Frühlings-Enzian. Im deutschsprachigen Alpenraum wird er auch oft Schusternagel genannt. Er ist einer der kleinsten Vertreter seiner Art. Dafür hat er es faustdick hinter den Ohren. Zumindest wenn man dem Volksmund glaubt. So erzählen einige abergläubische Geschichten davon, dass der Blitz in ein Haus einschlägt, in das der Enzian gebracht wurde. Auch sollte man wohl besser davon absehen, Enzian zu verschenken. Denn das bringt dem Aberglauben nach den sicheren Tod mit sich.

Nun aber zum gelben Enzian. Er steht, irgendwie krautig aussehend, ziemlich unscheinbar in der Gegend herum. Vielleicht will er mit seinem Aussehen davon ablenken, dass sein wahrer Schatz unter der Erde liegt. Denn aus seiner Wurzel wird der Enzianschnaps gewonnen. Nur wer offiziell das Recht dazu hat, darf den Enzian ausgraben. Im Tal wird er dann gewaschen, gehackt und mit Hefe angesetzt. Es folgen zwei Destillationsrunden, dann landet der Brand im Fass. Beim Marktführer Grassl in Berchtesgaden etwa liegen weit über tausend dieser Fässer in einem Felsenkeller

Nur anschauen erlaubt! Wie alle anderen Enzianarten auch, steht der Stängellose Enzian unter Naturschutz.

bei acht bis elf Grad, bevor sie nach zwei bis sieben Jahren reif zum Verkosten sind. Der Aufwand ist enorm und beginnt schon mit der Ernte. Denn wenn ein Enziangebiet geerntet wurde, muss es danach mindestens sieben Jahre in Ruhe gelassen werden. Auch dürfen natürlich niemals alle Pflanzen an einem Fleck gepflückt werden. Wobei »pflücken« klingt deutlich zu lieblich. Die Enzianernte ist Schwerstarbeit. Die Wurzel wird mit einem speziellen Pickel mit zwei Spitzen, dem Wurznhau, aus der Erde befördert. Dem Gelben Enzian sagt man nach, dass seine Wirkstoffe gegen Müdigkeit, Appetitmangel und Blutarmut helfen. Auch eine fiebersenkende Wirkung wird ihnen zugeschrieben.

Beim Gelben Enzian besteht übrigens starke Verwechslungsgefahr mit dem Weißen Gärmer. Wer noch nicht an den im Gegensatz zum Enzian matten Blättern den Unterschied erkennt, merkt es spätestens dann, wenn unten dran eine Zwiebel hängt. Doch bevor Du jetzt zur Schaufel greifst: In Deutschland und zum Teil auch in anderen Ländern stehen alle Enziane unter strengem Schutz!

95 Alpen-Edelweiß
Symbolträchtige Schönheit

Auch wer kein Fan von schnulzigen Heimatfilmen ist, wird die erste Begegnung mit einem Edelweiß nicht vergessen. Zu schön, zu symbolträchtig, zu anders ist diese Pflanze, die in den Bergen zu Hause ist. Es geht schon damit los, dass das, was wir für die Blüte halten, nämlich diese wunderschöne, weiße behaarte Blüte nur eine Scheinblüte ist. Die eigentlichen Blüten sitzen zu Hunderten, in einzelnen Blütenkörben organisiert, in der Mitte des Sterns und bilden mit den Hochblättern eine Einheit. Und wirklich heimisch ist diese Pflanze, die so sehr für die Alpen steht, hier eigentlich auch nicht. Sie kam nämlich aus der zentralasiatischen Hochsteppe zu uns – der letzten Eiszeit sei Dank. Dass das Edelweiß so auffällig weiß schimmert, liegt übrigens an den krausen, mehrfach durcheinandergewirkten Haaren der Hochblätter, auf denen viele Tausend Luftbläschen das einfallende Licht reflektieren. Für Insekten auf Nektarsuche heißt das: Hier geht's lang! Die Haare dienen aber auch als Verdunstungsschutz und halten die benötigte Wärme in der Pflanze.

Es liegen harte Jahre hinter dem Alpen-Edelweiß. Denn Mitte des 19. Jahrhunderts war es plötzlich sehr gefragt. Als ultimativer Liebesbeweis, als Mitbringsel oder als Willkommensgeschenk für anreisende Berggäste, denen die Pflanze schon am Bahnhof ans Revers gesteckt wurde. Auch wurde sie als Heilkraut genutzt und zusammen mit Milch und Honig gekocht gegen Bauchschmerzen verwendet. All das führte dazu, dass das Edelweiß kurz vor dem Aussterben stand. Selbst vor den extrem steilen Wiesenhängen der Höfats im Allgäu schreckten die Edelweiß-Sucher nicht zurück. Dort schob man schließlich einen Riegel vor die Plünderung. 1935 wurde eine Station für die Allgäuer-Bergwacht am Berg errichtet, von der aus die Pflanzen zur Blütezeit bewacht wurden. Heute haben sich die Bestände tatsächlich erholt, und seit 2007 vertraut man an der Höfats wieder auf den gesunden Menschenverstand, statt auf Bewachung und Strafe. Auch in der Schweiz und Österreich steht das Edelweiß unter Naturschutz, selbst wenn es in der Schweiz heute nicht mehr als gefährdet gilt.

Wer sich auch zu Hause an der ungewöhnlichen Blume erfreuen will, kann in Gärtnereien ein gezüchtetes Exemplar erstehen. Oder sich mit der Abbildung des Edelweißes begnügen, die sowohl beim DAV, als auch beim

ÖAV, im Heeresbergführerabzeichen der Bundeswehr und im Signet des Bergrettungsdienstes in Österreich zu finden ist. Alternativ schaust Du auf den gut trainierten Hintern eines Haflinger-Pferdes, auch deren Brandzeichen ist die Kontur eines Edelweißes.

Wegen seiner Schönheit war das Edelweiß einst in den Alpen fast verschwunden.

96 Alpenrosen
Wimpern oder keine Wimpern? Das ist hier die Frage

Rot-pink bedecken sie mancherorts von Mai bis Juli ganze Berghänge: die Alpenrosen. Der immergrüne, buschige Strauch gehört zur Familie der Heidekrautgewächse. Was seinen Standort angeht, ist die Bewimperte Alpenrose recht flexibel. Alles zwischen 600 und 2700 Metern wird gern genommen. Allerdings wächst sie ausschließlich auf Kalk und kommt daher hauptsächlich in den Ostalpen vor. Dann ist es ihr aber ziemlich egal, ob sie sich auf steinigen Hängen, mitten im Kalkschutt oder neben Krummholzgebüschen, die auf kalkigem Boden stehen, breitmacht. Eine enge Verwandte von ihr, die Rostblättrige Alpenrose, mag dagegen Silikatgestein lieber und deckt daher die Westalpen ab. Anders als die Bewimperte Alpenrose hat sie keine bewimperten Blätter.

Über hundert Jahre können sie alt werden und sollen als Heilpflanzen sehr wirksam gegen Rheuma und Gicht sein. Dennoch sollte man nach einem alten Aberglauben davon absehen, sie auszurupfen. Denn wer die Blüten mit sich trägt, würde vom Blitz erschlagen, hieß es. Und auch Kühe sollten besser einen großen Bogen um die schöne Pflanze machen. Denn wie viele andere Rhododendronarten auch, ist sie stark giftig.

Und wer die Blütezeit der Alpenrose bei seiner Transalp verpasst, sei getröstet – Spätestens im Tal taucht zumindest das Wort Alpenrose an jedem dritten Gasthof oder Hotel auf. Und mit etwas Glück hat auch die heimische Gärtnerei die Alpen-Schönheit im Sortiment.

Ein schöner Farbklecks in rauer Landschaft: Alpenrosen

Klimakrise

Was sie mit den Bergen macht

97

Dass die Klimakrise längst Teil unserer Realität ist und kein Horrorszenario durchgeknallter Umweltschützer, zeigt sich seit Jahren in vielen großen und kleinen Dingen. In extremen Regen- und Schneefällen, in ungewöhnlichen Hitze- und Trockenperioden und in Stürmen. In den Bergen kommen Erdrutsche, Steinschläge, Muren und massive Gletscherschmelze hinzu. Am Aletschgletscher in der Schweiz sind etwa rund sechs Millionen Kubikmeter rutschgefährdet, in Bondo kam es 2017 bereits zu einem gewaltigen Bergsturz, der für acht Wanderer tödlich endete. Einst sichere Wege werden immer öfter von Steinschlag bedroht, hoch gelegene Hütten verlieren ihr Permafrost-Fundament. Skigebiete wird es bis 2050 wohl nur noch zwei geben, an der Zugspitze und am Nebelhorn. Schneekanonen hin oder her.

Und auch die Lebensbedingungen der Tiere und Pflanzen in den Alpen verändern sich stark. Was passiert mit so hitzeempfindlichen Arten wie den Murmeltieren? Und was sollen Pflanzen machen, die nicht mal flott in kühlere Regionen abwandern können? Der Lebensraum Alpen wird sich stark verändern, und letztlich werden dadurch auch die Menschen im Tal bedroht.

Kleine Schritte, große Wirkung Jeder, der in den Bergen unterwegs ist, kann seinen Teil dazu beitragen, den eigenen ökologischen Fußabdruck so gering wie möglich zu halten. Das fängt schon zu Hause an: Wähle Deine Ausrüstung weise. Statt immer neuen Trends hinterherzulaufen, investiere in hochwertige Produkte, die Du so lange wie möglich tragen solltest. Wenn Du sie nicht mehr magst, freut sich vielleicht ein anderer Outdoor-Begeisterter darüber. Vielleicht findest Du Modelle aus recycelten Materialien. Statt zu einer der In-Überquerungen zu starten, auf der viele Menschen unterwegs sind, was den Druck für Natur und Mensch erhöht, überlege mal, ob eine Route durch weniger touristisch erschlossene Gegenden, wie die GTA, für Dich infrage kommt.

Erkundige Dich vorab, wie Du mit öffentlichen Verkehrsmitteln zum Startpunkt Deiner Tour kommst und vom Ziel wieder nach Hause.

Nutze auch während der Wanderung – wenn erforderlich – Bus und Bahn. Nimm all Deinen Müll wieder mit ins Tal, versuche, Plastik zu

Vom traurigen Rückgang der Gletscher erzählt auch die Pasterze am Großglockner. Sie verliert jedes Jahr mindestens 50 Meter.

vermeiden. Meist gibt es unverpackte Alternativen. Bewährt hat sich auch die gute alte Brotdose aus Aluminium. Bevor Du auf der Hütte jeden Abend unter die Dusche springst, frage Dich, ob es das wirklich braucht. Wasser ist hier oben schon oft ein knappes Gut – und wird es immer mehr werden.

98 Begegnungen mit Gletschern
Goodbye, my friend

Gletscher sind die Baumeister der Alpen. Sie haben Felsen glatt poliert, Täler geschaffen, Seen gebildet und hohe Gipfel in Weiß und Eis gehüllt. Damit Gletscher wachsen, muss jedes Jahr mehr Schnee fallen als schmelzen, und zwar über einige Jahre hinweg. Dann wird aus dem Schnee Firn und schließlich Gletschereis. In den Ostalpen konnten sie sich ab einer Höhe von ca. 2700 Metern bilden, in den Westalpen ab etwa 3000 Metern. Da so ein Gletscher nicht gerade ein Leichtgewicht ist, bildet sich unter ihm eine dünne, vom Druck erzeugte Flüssigkeitsschicht. Sie ist es auch, die ihn in Bewegung hält. Auf der Schicht gleitet der Eisriese talwärts, bis er schließlich an der Gletscherzunge ausläuft. Die Alpengletscher lassen es dabei mit 40 bis 200 Metern pro Jahr eher langsam angehen. Der Perito-Moreno-Gletscher in Patagonien schafft dagegen 2 Meter – pro Tag!

Auf allen Routen über die Alpen wirst Du Gletscher sehen. Einige nur aus der Ferne, andere aus nächster Nähe. Und man muss kein Geologe sein, um zu erkennen, wie es um die Gletscher in den Alpen steht. In Mittelberg im Pitztal stehen Schautafeln, die über die traurige Geschichte informieren. Wie in vielen anderen Regionen der Alpen schmelzen auch hier die weißen Giganten. Das »ewige Eis« ist eben doch vergänglich. Der Mittelbergferner ist nach dem Gepatschferner der zweitgrößte Gletscher Tirols. Um 1855 reichte seine Zunge noch bis weit hinunter ins Tal,

sie endete kurz vor Mittelberg. Die Bewohner des Dorfes nutzen den Gletscher als Kühlkammer für Vorräte und hämmerten eine Kanzel ins Eis, von der aus der Geistliche zu den Gläubigen sprach. Heute müsste er einen guten Verstärker nutzen, um die Menschen akustisch zu erreichen. Denn mittlerweile müssen die Wanderer weit hinein ins Tal an der Pitze entlanglaufen und

Auch im Berner Oberland schmelzen die Gletscher immer weiter ab.

zur Braunschweiger Hütte aufsteigen, um die Reste des einst großen Gletschers überhaupt noch zu sehen.

Auch die Pasterze am Großglockner, der noch immer größte Gletscher der Ostalpen, hat seit Mitte des 19. Jahrhunderts zwei Kilometer seiner Länge eingebüßt. Allein im vergangenen Jahrzehnt ist sie pro Jahr im Schnitt 40 Meter kürzer und fast fünf Meter dünner geworden. »Praktisch alle Gletscher weltweit erfahren große Massenverluste, viele und damit auch jene in den Ostalpen sind im seit zehn Jahren herrschenden Klima nicht überlebensfähig«, sagt Georg Kaser, einer der einflussreichsten Klima- und Gletscherforscher der Welt. In wenigen Jahren werden die Gletscher der Ostalpen verschwunden sein, für die weißen Riesen der Westalpen sind die Prognosen ebenfalls düster. Wer für den Untergang die Verantwortung trägt, ist unter seriösen Wissenschaftlern unbestritten: „Während der Gletscherrückgang weltweit zu rund 30 Prozent noch eine Entspannung von der kleinen Eiszeit ist, ist der Grund bei den kleinen Gletschern, wie jenen der Alpen, zu 100 Prozent menschgemacht", so Kaser. Wer wie ich im Abstand von einigen Jahren oder sogar jährlich immer mal wieder am selben Gletscher vorbeikommt, ist bei dessen Anblick traurig gestimmt. Es ist ein wenig, als wenn man einen alten Freund besuchen würde, der krank ist, und man weiß genau, dass es keine Heilung geben wird.

99 Berg(wander)führer
Mit Profis am Berg

Seit es das Bergwandern und Bergsteigen gibt, war es vollkommen üblich, dass derjenige vorausging, der die meiste Erfahrung hatte oder das Gelände am besten kannte. Mitte des 19. Jahrhunderts wurde das geführte Gehen mit Gründung der ersten Bergführervereine organisiert. Wenn die eigenen Voraussetzungen nicht für eine selbstständige Tour ausreichen, macht es auch heute noch absolut Sinn, sich einer geführten Tour anzuschließen. Das gilt nicht nur für knackige 4000er der Westalpen, sondern auch für Wanderungen wie die Alpenüberquerungen. Denn gerade weil diese im Moment so in Mode sind und viele, teils sehr unerfahrene Menschen dazu aufbrechen, bieten Bergschulen eine gute Alternative.

Breites Angebot Viele Bergschulen haben den Trend erkannt und bieten Alpenüberquerungen an. Ob auf dem E5 in allen erdenklichen Varianten – von Oberstdorf nach Meran oder vom Bodensee bis Verona, für Familien oder Singles –, auf der München–Venedig-Route, aber auch auf neueren Querungen mit Startpunkt Garmisch oder Salzburg. Die Transalp vom Tegernsee nach Sterzing ist sogar explizit darauf ausgelegt, dass sie von Interessierten als Komplettprogramm mit Führung gebucht wird.

Berg(wander)führer – die Spezialisten Sie können mehr, als nur vorne herlaufen, die Berg(wander)führer. Zur Erläuterung: Beim Verband deutscher Berg- und Skiführer (VDBS) gibt es zwei Ausbildungen. Die eine zum Bergführer, die andere zum Bergwanderführer. Während der Bergführer ein hoch professioneller, alpinistischer Tausendsassa ist, ebenso gut in Fels und Eis klettern können muss wie auf Ski fahren und Skitouren bewältigen, ist der Einsatzbereich des Bergwanderführers ganz klar auf Wandergelände

beschränkt. Die Ausbildung wurde 2009 ins Leben gerufen, um der steigenden Nachfrage nach Wandertouren mit hoch qualifiziertem Personal gerecht zu werden. Der Bergwanderführer darf dort führen, wo zur Fortbewegung und Sicherung keine spezielle Ausrüstung eingesetzt wird.

Solltest Du Dich dazu entschließen, zu einer geführten Transalp aufzubrechen, so suche nach einem Anbieter, der ausschließlich ausgebildete Bergwanderführer oder Bergführer einsetzt. Dies garantiert Dir ein Maximum an Sicherheit (die absolute Sicherheit kann in den Bergen dagegen niemand garantieren, das wäre unseriös) und Komfort.

Wenn Du mit einer Bergschule unterwegs sein möchtest, solltest Du einen Anbieter wählen, der nicht mit solch großen Gruppen geht.

100 Berglieder

»Und jetzt alle zusammen …«

Irgendwann passiert es. Immer. Irgendwo zwischen Tag zehn und 20. Manchmal auch schon deutlich früher. Einer stimmt ein Lied an. Ein Berglied, natürlich. Selbst wer zu Hause keinen Ton rausbringt und die eigene Stimme gruselig findet, wird im Konzertsaal der Berge mit einstimmen. Aber wie ging noch gleich der Text?

Hier eine kleine Nachhilfe für einige Klassiker.

PS: Um als Nicht-Alpen-Anwohner die Gamserl flüssig über die Lippen zu bringen, sind ein bis zwei Helle vorab hilfreich…

»Bergvagabunden«

Wenn wir erklimmen | schwindelnde Höhen | steigen dem Gipfelkreuz zu,
In unser'n Herzen | brennt eine Sehnsucht | die lässt uns nimmermehr in Ruh.

> *Refrain:*
> *Herrliche Berge, sonnige Höhen, Bergvagabunden sind wir, ja wir,*
> *herrliche Berge, sonnige Höhen, Bergvagabunden sind wir.*

Mit Seil und Haken | alles zu wagen | hängen wir in der steilen Wand.
Herzen erglühen | Edelweiß blühen | auf geht's mit sicherer Hand.

> *Refrain*

Fels ist bezwungen | frei atmen Lungen | ach, wie so schön ist die Welt,
Handschlag, ein Lächeln | Mühen vergessen | alles aufs Beste bestellt.

> *Refrain*

Im Alpenglühen | heimwärts wir ziehen | Berge, die leuchten so rot.
Wir kommen wieder | denn wir sind Brüder | Brüder auf Leben und Tod.

> *Refrain*
> *Lebt wohl ihr Berge, sonnige Höhen, Bergvagabunden sind treu, ja treu,*
> *Lebt wohl ihr Berge, sonnige Höhen, Bergvagabunden sind treu.*

»Das Wandern ist des Müllers Lust«

Das Wandern ist des Müllers Lust | das Wandern ist des Müllers Lust |
das Wandern.

Das muss ein schlechter Müller sein | dem niemals fiel das Wandern ein |
dem niemals fiel das Wandern ein | das Wandern.

Vom Wasser haben wir's gelernt | vom Wasser haben wir's gelernt |
vom Wasser.

Das hat nicht Rast bei Tag und Nacht | ist stets auf Wanderschaft bedacht |
ist stets auf Wanderschaft bedacht | das Wasser.

Das sehn wir auch den Rädern ab | das sehn wir auch den Rädern ab |
den Rädern.

Die gar nicht gerne stille stehn | die sich mein Tag nicht müde drehn |
die sich mein Tag nicht müde drehn | die Räder.

Die Steine selbst | so schwer sie sind | die Steine selbst, so schwer sie sind |
die Steine.

Sie tanzen mit den muntern Reih'n | und wollen gar noch schneller sein |
und wollen gar noch schneller sein | die Steine.

Wandern, Wandern, meine Lust | O Wandern, Wandern, meine Lust |
O Wandern.

Herr Meister und Frau Meisterin | lasst mich in Frieden weiter ziehn |
lasst mich in Frieden weiter ziehn und wandern.

»De Gamserl schwarz und braun«

De Gamserl schwarz und braun | de san so liab zum Schaun | Wannst
as schiaßn wuist | dann muaßt di auffitraun | De san so voglgschwind |
sie ham oan glei im Wind | sie fangens Pfeifen o und san davo.

Und wias´znagst hab gsehgn | sans Stuckra sechzehn gwen | über d'Schneid
sans auffa |

so vui hab i grad no gseghn | I dua mia niederduckn und lass me Sutzerl
knalln und wia i auffischau is' obagfoin.

Des Gamserl is scho troffn | es hat mi net betrogn | i habs durchs Feuer
gseghgn | es san de Haar aufglogn | Hat doch das Luaderviech an Zent-
ner und halbn so wia i's gwogn hab drunt auf da Alm.

Und dann san d' Jager kemma und hamm ma's Haus durchschaugt |
An Speicher drobn, an Keller und as Sauerkraut | Und in des Essigfassl,
da habens net einigschaut |da war des Stutzerl drin und von da Gams
de Haut.

101 Notdurft erledigen
Das Geschäft am Berg

Eine Frage, die jeden Wanderer irgendwann beschäftigt: Was tun, wenn ich fern der Hütte mal muss? Menschliche Bedürfnisse erwischen uns manchmal zu Unzeiten, und oft ist guter Rat teuer. Dass es auf die Fragen, wie, wo und wann man sich am besten erleichtert, keine einfachen Antworten gibt, zeigt schon die Tatsache, dass es sogar ein ganzes Buch (*How to sh… in the woods*) gibt, in dem die Autoren wertvolle Tipps geben.

Tatsächlich ist es so, dass das Netz an Hütten in den Alpen so gut ist, dass man als notorischer Häufig-Pinkler viele Chancen hat, alles loszuwerden, bevor es drückt. Oft ist es jedoch so, dass eine neue Umgebung, die körperliche Anstrengung und ein ungewohnter Tagesablauf die gewohnte Erleichterung (»Immer morgens nach dem Frühstückskaffee«) durcheinanderbringen. Unser Darm kommt beim Laufen in Schwung, und mitten im Gelände wird der Drang plötzlich unerträglich. Jetzt gilt es, einen sicheren Platz zu finden.

Klar, einer mit viel Gebüsch wäre wunderbar, aber wenn Du oberhalb der Baumgrenze unterwegs bist, wird das schwierig. Bevor Du nicht einen absturzsicheren Platz gefunden hast, wird keine Hose runtergezogen! Dieser Platz sollte nicht direkt am Weg liegen. Klingt vollkommen selbstverständlich, wenn man es so schreibt und liest, ist es aber nicht, wie die Erfahrung zeigt. Da muss man manchmal beherzt zur Seite springen, um nicht in einen Haufen zu treten oder den Gast darauf hinweisen, dass ein Tempotaschentuch – samt Inhalt – an seiner Schuhsohle klebt. Also bitte: Kein anderer Wanderer soll in Deine Hinterlassenschaften treten können.

Auch solltest Du einen Platz wählen, der mindestens 50 Meter von Teichen, Seen oder Bächen entfernt liegt. So wird verhindert, dass Darmkeime in den Wasserkreislauf gelangen. Wenn möglich, solltest Du ein Loch graben (mit einem Stock, einem Stein oder den Händen). Vielleicht findet sich auch eine Mulde in der Nähe, die Du nutzen kannst. Das Loch sollte mindestens 10 Zentimeter tief sein, damit Wildtiere nicht mit Deinen Hinterlassenschaften in Berührung kommen. Fülle das Loch mit Erde, Laub, Steinen oder Schnee. Je nachdem, was gerade in Deiner Nähe ist. Und auch, wenn es nicht so angenehm ist: Benutzte Taschentücher oder Klopapier, Tampons, Windeln oder Binden in einer Zipptüte mit ins Tal nehmen und entsorgen. Am Berg braucht ein Taschentuch nämlich bis zu fünf Jahre, um zu verrotten.

Ob die Dohle sich daran hält?

Bildnachweis

Die Illustrationen im Buch stammen von Eva-Maria Klaffenböck und Tilman Leher.

Fotonachweis: 2: HAPPY_PICTURE/Shutterstock.com; 5: Flystock/Shutterstock.com; 7: canadastock/Shutterstock.com; 8: HAPPY_PICTURE/Shutterstock.com; 10/11: HAPPY_PICTURE/Shutterstock.com; 14/15: patjo/Shutterstock.com; 17: Peter Kesselaar/Shutterstock.com; 18/19: Petr Pohudka/Shutterstock.com; 21: Sabine Hortebusch/Shutterstock.com; 22/23: Taweep Tang/Shutterstock.com; 25: Joerg Steber/Shutterstock.com; 28/29: DonArturo/Shutterstock.com; 31: Birte Gernhardt/Shutterstock.com; 32/33: saiko3p/shutterstock.com; 34/35: Roman Kybus/Shutterstock.com; 37: Geartooth Productions/Shutterstock.com; 41: Landscape Stock Photos/Shutterstock.com; 42: Zigres/Shutterstock.com; 44/45: Julia Kuznetsova/Shutterstock.com; 47: Jacek Wollny/Shutterstock.com; 49: Jakub Cejpek/Shutterstock.com; 51: Mountain Cubs/Shutterstock.com; 53/54: VladimD/Shutterstock.com; 55: MoLarjung/Shutterstock.com; 58: Oleh11/Shutterstock.com; 59: Lena Belova/Shutterstock.com; 62/63: Andifo/Shutterstock.com; 64: Climber 1959/Shutterstock.com; 66: Markus Mainka/Shutterstock.com; 68: Steven Van Aerschot/Shutterstock.com; 69: COLOMBO NICOLA/Shutterstock.com; 70: Balazs Justin/Shutterstock.com; 71: Andrew Mayovskyy/Shutterstock.com; 72: Maridav/Shutterstock.com; 74/75: Iryna Dzvonkovska/Shutterstock.com; 76/77: gubernat/Shutterstock.com; 78/79: eurobanks/Shutterstock.com; 80: danm12/Shutterstock.com; 82: matti2seven/Shutterstock.com; 83: Christoph Jorda; 84/85: Sander van der Werf/Shutterstock.com; 86: Aleksandr Grechanyuk/Shutterstock.com; 87: yanik88/Shutterstock.com; 88: CECH/Shutterstock.com; 89: Pawel Kazmierczak/shutterstock.com; 90: Lolostock/Shutterstock.com; 91: Jan Zahula/Shutterstock.com; 92/93: yotily/Shutterstock.com; 94/95: Timotheus Wolf/Shutterstock.com; 96/97: Lukasz Szwaj/Shutterstock.com; 98/99: Blazej Lyjak/Shutterstock.com; 100/101: andrea vicentini/Shutterstock.com; 102/103: Haidamac/Shutterstock.com; 106/107: Patrick Poendl/Shutterstock.com; 108/109: steve estvanik/Shutterstock.com; 111: Eder/Shutterstock.com; 112/113: MoLarjung/Shutterstock.com; 114: Bernd Juergens/Shutterstock.com; 116/117: Sander van der Werf/Shutterstock.com; 118/119: Andifo/Shut-

Ankommen! Am Gipfel, an der Hütte, am Endpunkt. Oder bei sich selbst. Das gehört zu den schönsten Momenten jeder Alpenüberquerung.

Impressum

Verantwortlich: Johannes Abdullahi
Redaktion: Birgit Günther
Korrektorat: Anke Höhne
Layout: BUCHFLINK Rüdiger Wagner
Umschlaggestaltung: Ralph Hellberg
Repro: Cromika
Herstellung: Alexander Knoll
Printed in Poland by CGS Printing.

★★★★★

Sind Sie mit diesem Titel zufrieden? Dann würden wir uns über Ihre Weiterempfehlung freuen. Erzählen Sie es im Freundeskreis, berichten Sie Ihrem Buchhändler oder bewerten Sie bei Ihrem nächsten Onlinekauf. Und wenn Sie Kritik, Korrekturen oder Aktualisierungen haben, freuen wir uns über Ihre Nachricht an J.Berg Verlag, Postfach 40 02 09, D-80702 München oder per E-Mail an lektorat@verlagshaus.de.

Unser komplettes Programm finden Sie unter 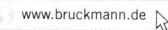 www.bruckmann.de

Empfehlung der Redaktion
Sie sind auf der Suche nach weiterführender Literatur? Dann empfehlen wir Ihnen den Titel »101 Gipfel der Alpen und was Sie überdiese schon immer wissen wollten« von Uli Auffermann.

Bildnachweis: Siehe Seite 190/191

Umschlag innen links: Unterwegs im Venet; Umschlag innen rechts: Auf dem Weg nach Vent (beide Fotos shutterstock/Sabine Hortebusch)

Die Deutsche Nationalbibliothek verzeichnet diese Publikation in der Deutschen Nationalbibliografie; detaillierte bibliografische Daten sind im Internet über http://dnb.d-nb.de abrufbar.

© 2024, 2021, 2020 Bruckmann Verlag GmbH, Infanteriestraße 11a, 80797 München

ISBN 978-3-7343-1578-7